Gabriela Kasperski

# Einfach YESHI

Auf der Suche nach Turnschuhen
und einer neuen Heimat

Bibliografische Information der Deutschen Nationalbibliothek:
Die Deutsche Nationalbibliothek verzeichnet diese Publikation in der Deutschen
Nationalbibliografie; detaillierte bibliografische Daten sind im Internet über
http://dnb.d-nb.de abrufbar.

Die YESHI-Reihe wird unterstützt durch

Einfach Yeshi» wurde das KIMI-Siegel für Vielfalt in
Kinder- und Jugendbüchern verliehen.

3. Auflage
© 2020, Arisverlag
(Ein Unternehmen der Redaktionsbüro.ch GmbH)
Schützenhausstrasse 80
CH-8424 Embrach
www.arisverlag.ch | www.redaktionsbüro.ch

Umschlag und Satz: Lynn Grevenitz | www.kulturkonsulat.com
Coverillustration: Henning Tietz | www.kulturkonsulat.com
Lektorat: Vanessa Sonder
Druck: CPI books GmbH | www.cpibooks.de
ISBN: 978-3-907238-00-4

*Für Samira*

# Inhalt

# Umzug in die Stadt

Ich heiße Yeshi und bin neun Jahre alt. Manchmal bin ich auch elf. Oder hundert. Ich habe ein großes Flatterherz und tausend Ideen im Kopf. Der kann steinfelsbetonhart sein. Vor allem, wenn ich keine Matheaufgaben lösen will. Oder wenn ich umziehen muss, so wie jetzt gerade. Oder wenn Doro in meiner neuen Klasse mich braune Kackbohne nennt. Fies, nicht? Viel schlimmer ist allerdings, dass ich keine beste Freundin habe.

Oh nein, werdet ihr jetzt denken, nicht schon wieder eine Geschichte von einem Mädchen, das eine beste Freundin sucht. Wartet nur, bis ihr meine gehört habt!

Vor den großen Sommerferien war noch alles in Ordnung. Wir haben auf dem Land gelebt. Dort sind die Häuser vanilleweiß, die Fensterläden sommerblau, die Dächer feuerrot. Unsere Wohnung war ziemlich groß und im Garten gab es ein Baumhaus ganz für mich allein. Nach der Schule bin ich immer gleich hochgeklettert, habe die Schuhe ausgezogen und meinen Tanzfuß hüpfen lassen, so wild, dass ich mich an der Decke gestoßen habe.

Aber wie gesagt, mein Kopf hält einiges aus. Nach dem Tanzen hab ich es mir auf meiner alten Kindermatratze gemütlich gemacht und gespielt. Mit Svenja, Inchie und dem dicken Louis. Das sind keine Kinder, das sind Ponys.

Als ich *ein eigenes Pony* auf meine Wunschliste schrieb, hat Mama gesagt: «Vergiss es, Yeshi. Es ist viel zu teuer und wir haben keinen Platz.»

Meine Mama hat keine Ahnung, muss ich sagen. Hätten wir nicht einfach Papas Grill verkaufen können und Mamas Gemüsebeet? Dann wäre da genug Platz für ein Pferd gewesen. Oder wenigstens für ein kleines Pony. Nicht mal Reitstunden nehmen durfte ich. Mama hat nämlich Angst, ich würde runterfallen. Das sagt sie nicht laut, aber ich weiß es auch so. Zur Abwechslung blieb Mama steinfelsbetonhart. Und Papa auch. Nicht mal zugezwinkert hat er mir. Das hieß dann *Nein, kein Pony und auch keine Reitstunden*. Auf immer und ewig. Also hab ich mir meine eigene Herde gebastelt. Aus Papas alten Stinkesocken und einigen Haselstecken, die ich von unserem Brummelbär-Nachbarn bekommen habe, nachdem seine Ziegen das ganze Laub abgefressen hatten. Die Sockenponys sind meine Freunde. Manchmal haben wir so viel Spaß zusammen, dass ich die Zeit vergesse.

Dann ruft Mama: «Yeshi, wo bist du, *himmelsblitzunddonnernochmal*! Du musst Hausaufgaben machen, es gibt gleich Abendessen.»

Am Samstag vor den großen Ferien, dem schönsten Tag des Jahres, lag ich auf meiner Matratze und ließ Inchie wütend durchs Baumhaus galoppieren. Weil sie eifersüchtig war, dass Svenja mit dem dicken Louis spielte. Inchie verträgt es gar nicht, wenn sie nicht im Mittelpunkt ist. Gerade als Svenja Inchie eine Strafpredigt hielt, kletterte Mama zu mir hoch.

«Das geht nicht, Mama», schrie ich. «Streng verboten.» Aber Mama ließ sich nicht abhalten. Und Papa auch nicht.

«Bekomme ich eine kleine Schwester?», fragte ich und hüpfte auf der Matratze herum.

Als ich Mamas Gesicht sah, wusste ich, dass es etwas anderes sein musste. Mist. Hatte ich wieder etwas verloren? Meine Kapuzenjacke, ein Bibliotheksbuch, die nagelneuen pfefferminzgrünen Turnschuhe mit den hellbraunen Schmetterlingen und den violetten Schnürsenkeln?

«Nein, Yeshi.»

Ups. Doppelmist. Es ging bestimmt um mein Zeugnis. Ich bin nicht so gut in Mathe, wenn ihr wisst, was ich meine. Sobald ich Zahlen sehe, ist meine ganze *Konzertation* weg. Sagt Mama. Und dabei ist *Konzertation* das Wichtigste überhaupt. Ich weiß nicht genau, was es bedeutet. Es muss etwas mit Musik zu tun haben. Musik mag ich, im Gegensatz zu Zahlen. Am zweitwenigsten mag ich das Minuszeichen. Und am wenigsten die Null. Eine Welt ohne Nullen. Das wäre toll.

«Es tut mir leid, Mama und Papa. Ich geb mir beim nächsten Mal ganz viel Mühe», sagte ich, als die beiden oben waren und Mama sich im Schneidersitz neben mich auf die Matratze quetschte, während Papa auf der Leiter stehenblieb, sodass ich nur den Kopf und den halben Bauch aus dem Loch ragen sah.

«Das wissen wir doch, du gibst dir immer Mühe», säuselte Mama.

Autsch. Wenn Mama säuselt, ist es nicht gut.

«Trennt ihr euch?»

Ich weiß nicht, wieso ich wusste, dass es so war. Komisch, nicht? Vielleicht wegen Mamas Augen. Oder weil Papa seufzte. So schwer, dass ich die Tränen wieder hinunterschluckte. Es konnten ja nicht alle weinen.

«Ist nicht so schlimm. Bei uns in der Klasse sind fast alle getrennt», beruhigte ich meine Eltern, obwohl mein Herz flatterte und mein Bauch grummelte. «Dann machen wir einfach das Nestmodell. Die Hälfte der Zeit wohnst du bei mir», ich zeigte auf Mama, «und die andere Hälfte du.» Damit meinte ich Papa.

«Das würden wir gern», sagte Mama. «Nur, weißt du, mein Mädelchen ...»

Autschautsch. Wenn Mama *mein Mädelchen* sagt, dann ist es besonders schlimm. Das letzte Mal hat sie es gemacht, als meine Oma gestorben ist. Ich hoffe nur, dass Oma auf ihrer zuckerweißen Wolke drei (die einzige Zahl, die ich mag) nicht mitkriegt, was hier unten so abgeht. Sie hätte gar keine Freude gehabt an dem, was Mama und Papa mir da mitteilten. Es war viel schlimmer als eine Trennung. Es war ein Albtraum.

# Kackbohnen und
# Glibberschlabberquallen

An dem Tag kletterte ich nämlich zum letzten Mal von meinem Baumhaus hinunter. Schon am Wochenende drauf stand der Umzugswagen da und Mama und ich zogen in die Stadt. In eine winzig kleine Wohnung. Jede von uns bekam ein Zimmer. Ich musste nicht mal quengeln, Mama hat mir das größere einfach so überlassen. Und dann gibt's noch eine Wohnküche mit einem Tisch, an dem wir beide Hausaufgaben machen. Ich für die Schule, Mama für den Verlag, wo sie als Lektorin arbeitet. Das ist wie Aufsätze korrigieren. Nur dauert es viel länger.

Papa wohnt nicht mehr bei uns, er ist nach England gezogen, nach London. Da macht er irgendwas an der Uni. Für ein ganzes Jahr. Es ist eine große Chance, sagt er. Ich soll ihn in den Herbstferien besuchen, dann wollen wir zusammen in die *Harry-Potter*-Ausstellung. Obwohl ich Harry Potter liebe, weiß ich nicht, ob ich wirklich fahren soll. Kennt ihr das? Wenn sich ein Teil freut? Bei mir wäre das mein Tanzfuß. Und der andere Teil will lieber hierbleiben? Das wären dann mein Grummelbauch und mein Flatterherz. Steinfelsbetonhart so eine Entscheidung, ich sag's euch.

Aber nicht so hart wie meine neue Schule. Frau Morgenstern, die Lehrerin, ist zwar nett: Als Erstes hat sie mir einen Stein geschenkt, einen Bernstein, der mir helfen soll, wenn ich Heimweh habe. Leider waren die anderen Kinder dabei, und das war voll peinlich.

In der ersten großen Pause packte Frau Morgenstern Tobias, den Anführer der Jungs, am Wickel.

«Heute gibt's kein Fußball. Ihr sollt Yeshi willkommen heißen, *himmelsblitzunddonnernochmal!*»

Das Wort kannte ich. Genau wie meine Mama – einen Moment lang fühlte ich mich wie zu Hause. Bis Doro, ein spargeldünnes Mädchen mit einer Wollmütze, das nie lachte und immer meckerte, ganz laut schrie: «Spielen wir: *Wer hat Angst vor dem schwarzen Mann?*»

Da verstummten alle. Es war mucksmäuschenstill. Wieso das so schlimm war, wollt ihr wissen? Ich habe dunklere Haut als die anderen, weil ich *abotiert* bin. (Außerdem hab ich es nicht so mit schwierigen Wörtern, wie ihr vielleicht gemerkt habt.)

Frau Morgenstern wurde auf jeden Fall schneeweiß im Gesicht. Den Mund riss sie weit auf. So weit, dass ich ihr Halszäpfchen glitzern sah. Und dann hielt sie eine Strafpredigt. Es hat mir mehr geschadet als genützt, ehrlich gesagt. Denn wer will schon von der Lehrerin in Schutz genommen werden? Zumal ich Schimpfwörter gewohnt bin, auch in meiner alten Schule auf dem Land haben die Kinder solche Sachen zu mir gesagt. Wenns meinem Grummelbauch zu viel wurde, bin ich explodiert, und dann hat's gekracht, da konnten die andern sich ganz schön warm anziehen. Meist aber bin ich einfach davongerannt. Außerdem bin ich gar nicht schwarz, sondern milchkaffeefarben, wie meine Mama sagt. Mein Papa sagt, ich bin wunderschön.

Frau Morgenstern hat gesagt, schwarz ist rassistisch und ich bin Afroamerikanerin.

«Stimmt nicht», sagte ich darauf. «Ich bin Yeshi.»

Da wusste Frau Morgenstern nicht mehr weiter, zum Glück klingelte die Glocke, und wir mussten alle wieder ins Klassenzimmer.

In der großen Pause am nächsten Tag sagte Doro das mit der braunen Kackbohne.

Tobias, der Fußballer, machte eine Handbewegung dazu, und Julia, die Kichererbse, einen unanständigen Pfrrrrzzzz-Laut. Alle lachten. Bis auf Lian. Er stammt aus Schweden, spielt Geige, hat Haare wie Silberfäden, einen Ausschlag am Arm und wollte mir wohl irgendwie helfen.

«Und Doro ist eine weiße ...», sagte er in seinem lustigen Deutsch und kratzte sich.

«... Glibberschlabberqualle», ergänzte ich laut. Das sagt Mama immer, wenn wir unsere Hautfarbe vergleichen. (Mama findet, meine Haut ist viel weicher als ihre.)

Aber was für Mama passt, kam bei den Kindern nicht so gut an.

«Frau Morgenstern, die Neue sagt, wir sind Glibberschlabberquallen», rief Julia.

Nun schimpfte Frau Morgenstern mit mir. Es war nicht lustig, kann ich euch sagen.

«Wieso hast du das von Doro nicht erzählt?», fragte Lian später. «Du weißt schon was.»

Er meinte die Kackbohne.

«Petzen ist fies», sagte ich. «Lass uns lieber mitspielen.» Ich schaute auf die Kinder, die sich um einen Ball stritten.

Lian winkte ab.

«Ich bin nicht gut im Werfen. Und auch nicht im Dribbeln. Außerdem soll ich meine Hände schonen. Ich spiele Geige, weißt du.»

Oh. Neugierig sah ich Lian an.

«Das klingt spannend. Ich liebe Musik. Darf ich mal zuhören? Ich könnte nach der Schule zu dir kommen.»

Er schüttelte schnell den Kopf.

«Heute geht es nicht.»

«Wie wär's mit morgen?»

«Da geh ich ins Ballett. Und danach in den Kunstkurs.»

«Oh, ich male auch total gern, darf ich mitgehen?»

«Wir malen nicht, Yeshi, wir betrachten Bilder.»

In dem Moment klatschte ein Ball an Lians Kopf. Ziemlich hart.

«Hey», schrie ich. «Wer war das?»

Von hinter der Hecke erklang ein Geschrei.

«Lian und die Kackbohne sind verknallt», schallte es über den ganzen Schulhof.

«Hört auf, ihr Weicheier», schrie ich zurück. «Wir haben ein tolles Spiel erfunden. Wenn ihr wollt, dürft ihr mittun.»

Als ich mich umdrehte, war Lian weg. Schade, ich hätte ihm gerne mein Tanzspiel gezeigt. Aber er musste wohl in die Geigenstunde. Dann halt beim nächsten Mal.

Ja, so ist das. Seit ungefähr viertausendnullmillionen Minuszeichen-Stunden lebe ich nun in der Stadt. Und genauso lange vermisse ich das Baumhaus, die Bimmelglocken der Ziegen und sogar den brummigen Nachbarn. Am schlimmsten ist, dass ich meine Ponys nicht mehr habe.

«Die alten Stinkesocken und die dürren Haselstecken nehmen wir sicher nicht mit, *himmelsblitzunddonnernochmal!*»

Darum sitzen die Sockenponys Svenja, Inchie und der dicke Louis nun ganz allein im Baumhaus und vermissen mich bestimmt ganz doll. Manchmal weine ich abends ein wenig. Aber nur, wenn Mama nicht dabei ist. Sie soll nicht merken, dass ich traurig bin. Sie soll nur merken, dass ich wütend bin. Mein Grummelbauch, mein Flatterherz und mein Tanzfuß sind wütend. Steinfelsbetonwütend.

Leider lässt Mama sich davon nicht beeindrucken. Sie hat gar keine Zeit dafür. So ein Umzug ist sehr anstrengend, sagt sie. Wird nur noch geschlagen von einer Trennung.

Und dann lacht sie trotz allem ihr wunderbares Mama-Lachen, nimmt mich in den Arm und sagt: «Du wirst sehen, Yeshi, bald gefällt es dir hier.»

# Die Krokodilmädels

«Komm, Yeshi, wir müssen deine Haare machen», sagte Mama.

Wie ich das hasse! Meine Haare sind schwarz, kraus und verknoten sich ständig. Darum reibt mir Mama nach dem Waschen ölige Pasten hinein und bastelt mir Zopffrisuren. Das hat sie im Internet gelernt. Aber irgendwie kann sie es nicht richtig. Es ziept immer so schlimm, dass ich meine Haare am liebsten ganz kurz schneiden würde. Das will Mama nicht. Sie findet, die Zöpfchen stehen mir gut. Ganz ehrlich gesagt, glaube ich, dass Mama eine tolle Bücherfrau ist, aber keine Zöpfchenfrau. (Nur, kann man seiner Mama so was sagen?)

Ich biss also die Zähne zusammen und schrie kein einziges Mal. Zur Belohnung bot Mama mir an, dass wir nachher zum Schwimmen an den See gehen würden.

Schwimmen liebe ich fast so sehr wie Ponys. Trotzdem maulte ich. Aber Mama lächelte nur ganz lieb. Sie fragte nicht mal nach meinen Hausaufgaben, sondern half mir, meine Schwimmsachen zu suchen und die lila Schnürsenkel der neuen Turnschuhe zu binden. Obwohl sie sonst immer sagt, ich sei eine bequeme Prinzessin und müsse lernen, allein für mich zu sorgen.

Dann stellte Mama die Badetasche in ihren Fahrradkorb und wir flitzten den Berg hinunter.

«Einmal tief durchatmen und schon ist man am See», sagte Mama. «Ist das nicht cool?»

Ich gab keine Antwort. Aber heimlich fand ich es schon ziemlich cool. Das Wasser glitzerte so hell, dass ich am liebsten gleich hineingesprungen wäre, und auf der Wiese waren eine Menge Kinder, die lachten und spielten und Spaß hatten. Nur ein milchkaffeebraunes Baby im Kinderwagen war nicht zufrieden. Hab ich es schon erwähnt? Ich liebe Babys, am liebsten hätte ich eine kleine Schwester, ich würde auch einen Bruder nehmen, Hauptsache klein. Ich kniete mich also vor den Wagen und schnitt eine Grimasse, wackelte mit dem Kopf, dass meine Zöpfchen nur so flogen, und wippte dazu mit dem Tanzfuß, bis das Baby das Weinen vergaß und mir ganz fest zuwinkte, als seine Mama weiterging.

«Tschüss, du kleiner Purzel», sagte ich und rannte zur orangen Rutschbahn, die dauernd Kinder ausspuckte. Gerade schossen vier Mädchen auf einem Riesenkrokodil ins Wasser. War die Vorderste nicht die Kicher-Julia aus meiner neuen Klasse?

«Hallo Julia, darf ich mitrutschen?»

Julia hielt das Krokodil am Schwanz fest und sah zu ihren Freundinnen. Erst jetzt bemerkte ich, dass die fiese Doro darunter war. Selbst im Wasser trug sie eine Mütze. Die konnte allerdings auch nicht verbergen, dass sie kaum Haare hatte.

«Auf das Krokodil passen nur vier», sagte Doro von oben herab und ihr Mund verzog sich zu einem

Halbkreis. Nur dass er nicht nach oben, sondern nach unten zeigte.

Ich gab nicht auf. «Ich kann mich ganz dünn machen.»

«Nein, es ist nur bis 100 Kilo.» Sie sah mich scharf an. «Zähl mal zusammen.»

Mistmist. Die hat gemerkt, dass ich und die Zahlen keine Freunde sind.

«Was sagst du, Lian, ist ja dein Krokodil?» Sie blickte auf Geigen-Lian, der auf der Treppe saß. Offenbar hatte er sein Krokodil ausgeliehen, das war ziemlich nett von ihm.

«Du findest bestimmt auch, dass da kein Platz mehr für die Kackbohne ist?»

In dem Moment tauchte eine grashalmdünne Frau auf, und Doro, Julia und die beiden anderen Mädchen stoben davon. Sie redete in einer fremden Sprache auf Lian ein, das musste Schwedisch sein. Dann wechselte sie auf Deutsch.

«Lian, wir müssen los, deine Geigenstunde.»

«Aber ...»

«Vorher musst du noch Hausaufgaben machen.»

«Mama ...»

«Am Abend hast du Ballett. Und Kunstgruppe.»

Ups. Alles an einem Tag? Da kriegte man ja gar keine Luft mehr. Plötzlich hatte ich eine Idee. Wenn er doch heimging, konnte ich vielleicht ...

«Sie, Lians Mama!»

Sie drehte sich um. «Darf ich das Krokodil ausleihen?»

Lians Mama musterte mich von oben bis unten und wieder zurück. «Kennst du dieses Mädchen?», sagte sie zu Lian.

Er nickte. «Die Neue aus meiner Klasse. Für mich ist es in Ordnung. Sie kann mir das Krokodil ja morgen in die Schule bringen.»

«Wie oft soll ich es dir noch sagen? Wir leihen niemandem etwas aus», sagte Lians Mama, riss das Plastiktier an sich und stolperte dabei über den Krokodilschwanz. Es sah ziemlich lustig aus. Nur machte es sie noch wütender. Lian winkte mir zu.

«Tschüss, Yeshi, bis morgen in der Schule.»

«Tschüss. Wir können uns ja mal verabreden. Frag doch, ob ich mit darf in den Kunstkurs. Ich würde mir gerne Bilder anschauen.»

Aber Lian hörte mich wohl nicht mehr, seine schimpfende Mama übertönte alles.

Wo war denn eigentlich meine Mama? Einfach verschwunden. Ups. Mindestens eine Stunde lang lief ich auf der Suche nach ihr und unserem Korb über Handtücher und Badetaschen, bis ich sie endlich fand. Sie wollte gerade den Bademeister informieren, dass ich vermisst werde.

«Yeshi, *himmelsblitzunddonnernochmal*, wo bist du gewesen?»

Die Strafpredigt war richtig schlimm. Niemals dürfe ich mich in der Badeanstalt von ihr entfernen. *Absolutgarniemalsnie*. Das sei gefährlich, wegen des Wassers.

«Mama, du musst nicht immer solche Angst haben. Ich kann schwimmen wie ein Fisch, das sagst du ja selbst immer, und zudem bin ich eine halbe Meerjungfrau.»

«Trotzdem. Wenn etwas passiert, kann ich dir nicht helfen.»

Da mischte sich der Mann ein, der neben Mama stand: «Beruhig dich, Nora. Sie hat es nicht extra gemacht.»

Wieso wusste der, wie meine Mama heißt?

«Das ist Gian», erklärte Mama. Und wurde ganz rot. Als ob sie Stunden in der Sonne gebrutzelt hätte. «Ein Freund von mir.»

Ein Freund? Seit wann hat Mama denn Freunde?

Ich musterte diesen Gian. Er war größer als Papa, dünner als Papa, mit weniger Haaren als Papa. Plötzlich vermisste ich meinen Papa ganz doll.

«Willst du ein Eis?», fragte Mama, die sich komischerweise ganz schnell beruhigt hatte, und griff zu ihrem Geldbeutel.

Das macht sie sonst nie, ich muss immer betteln.

«Als Einstand. Unser erster Ausflug am neuen Ort», lächelte sie mich an. Dann zeigte sie mir, wo unser Badetuch lag. Schlaue Mama, sie hatte für uns einen Platz im Schatten ergattert. Weniger schön fand ich, dass dieser Gian sich auf mein *Harry-Potter*-Tuch setzte. Es war alt und verwaschen, Papa hat es mir geschenkt, als ich noch ein Baby war. Aber es ist mein Lieblingstuch.

«Geh weg da, du Glibberschlabberqualle!», sagte ich.

«Yeshi.» Meine Mama wurde fast so weiß wie Frau

Morgenstern in der Pause. «Was fällt dir eigentlich ein? Wie sprichst du mit Gian?»

«Ist schon gut, ich habe mein eigenes Badetuch dabei», lächelte Gian meine Mama an. Es sah aus, als ob er die Zähne fletschte. «Hast du Lust, Nora, mit mir rauszuschwimmen?»

Unschlüssig sah Mama zu mir. Den Blick kannte ich gut. Sollte ich sie gehen lassen oder nicht? Mein Herz flatterte Nein, aber mein Grummelbauch war einverstanden, ich weiß doch, wie Mama das Schwimmen liebt. Sie schwimmt dann etwa so hundert Kilometer, da kann ich sowieso nicht mithalten.

«Geh nur, Mama», sagte ich und fühlte mich sehr großzügig.

Nachdem Mama mir Geld in die Hand gedrückt und ungefähr drei Millionen Ermahnungen mitgegeben hat, «Du holst dein Eis und rührst dich keinen Schritt vom Tuch, bis ich wieder da bin, hast du verstanden?», ging sie neben Gian zum See, während ich zum Kiosk hüpfte.

In der Schlange standen die Krokodilmädels. Sie kicherten und zeigten auf Tobias aus unserer Klasse, der gerade einen Fußball am Tor vorbeischoss und fast eine alte Oma traf.

«Mögt ihr ein Eis?», fragte ich die fiese Doro.

Die vier bissen in ihre Hot Dogs.

Endlich sah Doro zu mir her.

«Spendierst du?», sagte sie und zog die Strickmütze so tief in die Stirn, dass man ihre Augen fast nicht mehr sah.

Ich grinste.

«Ist mein *Dreistand*.» Das Wort hatte Mama eben benutzt und es gefällt mir gut. Also, in meiner Version.

Sie wollten und standen alle um mich herum, als ich den zerknitterten Geldschein auf die Theke legte.

Der Mann an der Kasse sah ganz geschäftig aus.

«Eine Großbestellung? Aber gerne, die Ladys.»

Er reichte uns die Eiswaffeln, verziert mit einer Extraportion Schokosplitter. Habe ich schon gesagt, dass ich Schokolade liebe?

«Eine richtige Schoko-Tigerin», sagt mein Papa immer, «genau wie ich.»

Doro, Julia und die beiden anderen griffen zu. Während ich das Rückgeld zusammenklaubte, rutschte mir das Eis aus der Hand und landete auf meinen neuen Turnschuhen. OH NEIN. Der dunkelbraune Fleck sah scheußlich aus. Als ich mich wieder hochgerappelt hatte, rannten die Krokodilmädels weg.

«Aber wir wollten doch spielen!», rief ich.

Sie hatten mich wohl nicht gehört.


Mama schimpfte erstaunlicherweise weder über den Fleck noch darüber, dass ich das ganze Geld ausgegeben hatte.

«Menschen kann man nicht kaufen, mein Mädelchen.» Sie strich mir mit ihren tropfnassen Händen seufzend über die Zöpfchen. «Sie mögen dich doch auch so. Es ist schön, dass du schon neue Freundinnen hast.»

Wenn Mama wüsste!

# Turnschuhe im Klo

Die erste Stunde am nächsten Tag war richtig cool: Wir durften Plätzchen backen. Weihnachtskekse nach den Sommerferien? Frau Morgenstern ist wirklich eine lustige Nudel. Sie teilte mich mit Lian ein. Er sagte keinen Ton und kratzte sich am Arm: Er wäre wohl lieber bei Tobias in der Gruppe gewesen. Oder bei Doro. Deren Mütze war heute signalrot und so dick gestrickt, dass ich schon beim bloßen Hinschauen zu schwitzen anfing. (Ich meine, wer trägt eine Wollmütze, wenn draußen die Sonne scheint?)

«Komm, wir machen Ponyplätzchen», sagte ich und zog die Turnschuhe aus. Barfuß war es gleich viel gemütlicher. Ich versuchte, aus dem Teig ein Shetlandpony mit einer wallenden Mähne und dickem Bauch zu formen. Es gelang mir nicht besonders gut, bis auf die vier Beine, die waren deutlich erkennbar.

«Er heißt Louis», sagte ich. «Magst du vielleicht seine Freundin machen? Sie heißt Inchie.»

«Inchie? Das ist doch kein Ponyname», fand Lian.

«Dann sag du, wie sie heißen soll.»

«Ich weiß nicht. Kira.»

Fand ich okay.

«Das gefällt dir, Louis, gell. Kira wird deine beste Freundin.»

Ich ließ Louis wiehern und davongaloppieren.

Ups. Louis hatte ein Bein verloren. Aber er war trotzdem als Erster auf dem Blech. Endlich hatte ich Lians Interesse geweckt. Zum Glück. Er kann nämlich supergut Tiere formen. Die Mähne, den Körper, das lachende Ponymaul. Und eine Futterkrippe voller Teigmöhrchen. Vor lauter Formen bemerkte Lian gar nicht, dass der Ausschlag an seinem Arm zu bluten anfing.

«Was hast du da eigentlich?», fragte ich.

Bevor Lian antworten konnte, kam Frau Morgenstern vorbei. Als sie unseren Ponyhof aus Teig sah, schlug sie die Hände über dem Kopf zusammen.

«Na so was, ihr wart richtig kreativ.»

Ich weiß nicht genau, ob *kreativ* was Gutes ist. Einerseits strahlte Frau Morgenstern wie Ostern und Weihnachten zusammen, andrerseits meckerte Doro am Nebentisch vor sich hin, weil wir so viel Teig verbraucht hätten. Kaum drehte Frau Morgenstern sich um, tat Doro so, als ob sie stolperte, stützte sich mit der Hand auf dem Blech ab und zerquetschte dabei die Hälfte unserer Ponyherde.

«Hoppla», sagte sie und in ihren Augen blitzte ein so fieses Grinsen auf, dass mein Grummelbauch überkochte.

«He!» Ich zerrte Doro am Ärmel. Sei nicht so *implosiv*, hört ich Mamas Stimme im Kopf. Aber da war es schon passiert, der Stoff riss entzwei.

Doro starrte auf den kaputten Ärmel. Dann begann sie völlig übertrieben zu schwanken und erwischte dabei den Rest unserer Ponys und die Tränke dazu.

«Das hast du absichtlich gemacht!», sagte ich.

Daraufhin boxte sie mich in den Arm.

Also haute ich eins oben drauf.

Doros Gebrüll übertönte alles.

«Frau Morgenstern, die Neue hat mich angegriffen!», heulte sie.

Nun sahen alle Kinder zu uns her.

Es gab ein gewaltiges Himmelsblitz-Donnerwetter. Wegen des Risses in Doros T-Shirt. Und weil auf ihrem Arm ein blauer Fleck prangte.

«Frau Morgenstern, die Kackbohne hat ein echtes Gewaltpotenzial.»

Ich wusste nicht, was das Wort bedeutete, aber ich mochte es nicht.

«Doro hat angefangen. Sie hat unseren ganzen Ponyhof kaputt gemacht», sagte ich und verkniff mir die Tränen. «Außerdem hat sie zuerst gehauen. Da, ich habe auch einen blauen Fleck!»

Aber als ich meinen Arm herzeigte, war nichts zu sehen. Blaue Flecken sieht man nicht so gut auf brauner Haut.

Frau Morgenstern schimpfte: «Yeshi, wirklich. An dieser Schule lösen wir Konflikte nicht mit Gewalt. Schreib dir das hinter die Ohren.» Und zu Doro sagte sie: «Stimmt das? Hast du angefangen?»

Alle sahen auf die zerquetschten Plätzchen.

«Ist gar nicht wahr», heulte Doro. «Ich bin gestolpert. Über Yeshis Schuhe.»

Nun sahen alle auf meine Barfuß-Füße. Dann auf die pfefferminzgrünen Turnschuhe mit dem Schoko-Fleck.

«Ich finde, Yeshi muss eine Strafe bekommen!»

Aber Frau Morgenstern fand, Doro solle nicht übertreiben, ich sei gestraft genug, denn die Plätzchen müssten jetzt in den Ofen. Und da wir nur matschigen Teig auf dem Blech hätten, würden weder Lian noch ich etwas Süßes für die Pause bekommen.

Mistmistmist. Das hatte ich sauber hinbekommen. Es war erst meine zweite Woche in der neuen Schule und alle hassten mich. Nicht mal Lian wollte mehr mit mir spielen. Er schaute lieber den anderen Jungs beim Fußball zu. Ich tat so, als sei es mir egal, und ließ meinen Tanzfuß ganz allein über den Schulhof hüpfen.

Als ich mich am Nachmittag auf den Heimweg machen wollte, waren meine Turnschuhe weg. Mama hasst es, wenn ich Sachen verliere, ganz besonders neue Sachen.

«Du bist eine Liederlise», tadelt sie mich dann. «Nächstes Mal ziehe ich es dir vom Taschengeld ab.»

Mein Herz flatterte ganz scheußlich, während ich das ganze Schulhaus absuchte. Da kam Lian zurück.

«Schau auf dem Klo in der Turnhalle nach», flüsterte er und rannte schnell wieder davon.

Der Hausmeister, Herr Madovic, genauso ein Brummelbär wie unser alter Nachbar, schloss mir auf. Dafür musste er in eine Art Zauber-Kasten neben der Tür ein paar Zahlen eingeben.

«Sesam, öffne dich», murmelte er, als er den Schlüssel vom Haken nahm.

Im hintersten Jungenklo fanden wir den einen Schuh. Den rechten, der von meinem Tanzfuß. Jemand hatte ihn in die Schüssel gestopft. Die Spülung klemmte und rumpelte ganz komisch, bereits lief Wasser auf den Boden. OH NEIN. Der Schuh sah aus wie ein nasser Lappen, der Fleck war noch schlimmer als vorher. Auf gar keinen Fall durfte Mama das erfahren.

«Was machst du für Sachen?», schimpfte Herr Madovic. «Wenn das eine Überschwemmung gegeben hätte!»

Als ich ihm erklärte, dass nicht ich den Schuh ins Klo gesteckt hatte, wollte er nichts davon wissen.

«Ist das dein Schuh oder nicht?», fragte er streng.

Ich nickte.

«Na also. Ich werde das Beweisstück mal *konfiszieren* ...»

Keine Ahnung, was das heißt, aber es klang unheimlich.

«... und die ganze Schlawinerei Frau Morgenstern mitteilen. Dann kann sie entscheiden, wer was wann und warum gemacht hat.»

Frau Morgenstern fand weder heraus, wer den einen Schuh ins Klo gesteckt hatte, noch wo der andere Schuh war. Denn nach dem Wochenende kam die Zirkuswoche, und danach gab es einen Mathetest nach dem anderen. Und so, wie der blaue Fleck auf Doros Arm verblasste, ging die Geschichte irgendwie vergessen. Zum Glück gelang es mir, das Ganze vor Mama zu verheimlichen. Ich behauptete einfach, erst die alten Turnschuhe austragen zu wollen. Mit meinem Taschengeld wollte ich mir das pfefferminzgrüne Modell wieder kaufen, sobald ich genug gespart hätte. So würde Mama es hoffentlich nicht merken.

# Sitina und Tulu

Der Herbst war gekommen. Übermorgen war der letzte Schultag. Und dann würde ich zu Papa nach London fliegen.

Mama war erst dagegen gewesen.

«Nie im Leben lasse ich dich alleine fliegen.»

Aber ich habe mit meinem Papa einen *Whatsapp-Call* gemacht und alles besprochen. Auf dem Flughafen würde mich eine Kinderhüterin zum Flugzeug bringen, wo mir eine andere Kinderhüterin den besten Platz geben würde. In London würde mich wieder eine andere Kinderhüterin zu Papa bringen: drei Kinderhüterinnen. Das fand ich echt cool. Ich erzählte es sogar Lian, als wir in der Zehnuhrpause zusammen Ponyhof spielten. Lian liebt alles, was mit Ponys zu tun hat. Das würde er natürlich niemals zugeben, aus Angst, dass Tobias und die anderen ihn ein Weichei finden würden. Aber ich kann es in seinen Augen lesen. Lian würde seine Geige hergeben, den Ballettkurs und die Kunstgruppe, wenn er dafür reiten könnte. Aber seine Mama denkt, Reiten ist Mädchenkram. Außerdem hat sie Angst, er würde vom Pferd fallen. Genau wie meine.

Auf dem Heimweg trödelte ich. Es war ein heißer, sonniger Tag, viel zu warm für Ende September, wie Mama sagte. Ich bin immer noch wütend auf sie. Denn Mama ist dauernd mit dem Zahnfletsch-Gian zusammen. Wenn er sie abholt, lacht sie so seltsam, dass mein Bauch sich zusammenzieht, als ob ich einen ganzen Krug Zitronenwasser getrunken hätte.

Als ich heimkam, stand Mama auf dem Balkon neben dem verdorrten Rosenbusch, der den Umzug nicht überlebt hatte.

«Yeshi, *himmmelsblitzunddonnernochmal*, wo sind deine Schuhe?», rief sie zu mir hinunter.

Ups. Die alten Turnschuhe waren so klein geworden, dass meine großen Zehen sich blutig gescheuert hatten, darum ging ich vorübergehend barfuß. Seit vielen Wochen hatte ich mein ganzes Taschengeld für neue Schuhe gespart. Gezählt hatte ich es nie, ihr wisst ja, Yeshi und Zahlen! Aber es waren bestimmt hundert Franken oder so. Nur verschob ich das mit dem Kauf immer wieder. Erstens kannte ich mich nicht aus in der Stadt, und fünftens ist es ziemlich schwierig, ganz alleine ganz bestimmte Turnschuhe kaufen zu gehen. Meine Hoffnung war, dass Papa mir helfen würde. In London gibt es so viele Läden, das hat mir Papa erzählt. In einem von denen würde es bestimmt pfefferminzgrüne Turnschuhe mit hellbraunen Schmetterlingen und violetten Schnürsenkeln geben.

Nun musste ich aber zuerst das Problem mit Mama lösen.

«Entschuldigung», sagte ich. «Ich habe die Schuhe in der Schule vergessen. Ich bringe sie morgen mit, versprochen.»

Bevor Mama weitermeckern konnte, hatte ich eine Idee. Eine *glitzerluftige* Superidee.

«Mama, wollen wir schwimmen gehen?»

«Schwimmen?» Mama sah mich mit großen Augen an.

«Ein letztes Mal, bevor der Winter kommt. Es ist so schön warm heute.»

Mama war unschlüssig.

«Bitte, Mama. Mit dem Fahrrad den Berg hinunter. Einmal tief durchatmen und schon ist man am See.»

Da lächelte Mama und holte die Schwimmsachen und den Korb. «Du bist schon eine besondere Nudel.»

In der Badeanstalt musste man keinen Eintritt mehr bezahlen. Sie war voller Menschen, fast wie damals im Sommer. Auf dem Spielplatz schaukelte die fiese Doro samt Wollmütze und den Krokodilmädels vor sich hin. Die hatten mir gerade noch gefehlt.

Schnell rannte ich zum Ufer. Im Wasser war niemand, obwohl es ganz doll glitzerte. Mama und ich zogen uns zusammen unter ihrem Badetuch um. Sie verwickelte sich und fiel ins Gras, ich fiel auf sie drauf.

«Eine *Purzeldrehrolle*», lachte ich und wir rollten und rollten, bis zum Wasser. Als ich eintauchte, verschlug es mir den Atem vor Kälte. Ich japste wie eine Meerjungfrau und ruderte mit den Armen. Mama hob mich hoch. Das macht sie sonst nicht mehr, ich bin zu schwer geworden für sie. Ich sah meine braunen Arme auf ihrem weißen Nacken, der gar nicht weiß war, sondern so hell wie der Sand am Meer. Ich drückte sie ganz fest an mich.

«Oh, mein Mädelchen, wie werde ich dich vermissen», flüsterte sie.

Da flatterte mein Herz und ich wäre am liebsten mit Mama davongeflogen. Nach London oder so. In diesem Moment spazierte Zahnfletsch-Gian vorbei. Was machte der hier? Schnell wand ich mich aus Mamas Armen und kletterte an Land. Während ich mich wieder anzog, bemerkte ich einen kleinen Jungen, der auf zwei dicken Beinchen vorwärtsstakste und mir sehr bekannt vorkam. Blitzschnell steuerte er aufs Wasser zu. Hallo, wo bleibt seine Mama? Wenn sie nicht aufpasst, fällt der kleine Purzel noch rein.

«Vorsicht», rief ich zu der dunkelhäutigen Frau mit dem Kopftuch und dem runden Bauch, die neben einem Buggy stand. Aber sie sah nicht zu mir und dem Kleinen, sondern in eine ganz andere Richtung. Ihr Blick war bitterböse. So böse, dass mein Herz gleich noch mehr flatterte. Denn wen sie da anschaute, war niemand anders als meine Mama, die gerade dabei war, sich abzutrocknen. WAS? Wenn ich sauer war auf Mama, war das in Ordnung. Aber doch nicht diese Frau, die meine Mama bestimmt noch nie im Leben gesehen hatte. In diesem Moment schrie jemand auf.

«Achtung, das Kind fällt gleich ins Wasser.»

Ohne zu überlegen, sprang ich vorwärts. Ich erwischte den Purzel gerade noch, Glück gehabt. Mit großen Augen sah er mich an, als ich ihn erst in die Luft wirbelte und dann an mich drückte. Und plötzlich fiel mir ein, woher ich ihn kannte. Von unserem allerersten Badeausflug an den See.

Gleich darauf war die Frau mit dem Kopftuch bei mir.

«Thank you», stammelte sie und schimpfte mit dem Purzel in einer Sprache, die ich nicht verstand, deren Laute mir aber bekannt vorkamen.

«Ist das Amharisch?», fragte ich und kam mir sehr klug vor.

Amharisch ist die Sprache von Äthiopien. Mein Papa hört ab und zu im Internet äthiopische Lieder mit mir. Damit ich eine Ahnung habe, wie meine Muttersprache klingt. Nicht zu verwechseln mit meiner Mamasprache. Die ist Zürichdeutsch. Während meine Papasprache Hochdeutsch ist, mein Papa kommt nämlich aus Berlin. Das klingt irgendwie ziemlich kompliziert, ich weiß.

«Sprichst du kein Deutsch?», fragte ich die Frau.

Sie schüttelte den Kopf. Zum Glück kann ich ein wenig Englisch.

«What's his name?», fragte ich und zeigte auf den Purzel, der sich mit Händen und Füßen dagegen wehrte, im Wagen festgeschnallt zu werden.

«Tulu», antwortete seine Mama. Und dann zeigte sie auf sich. «Sitina.»

Tulu und Sitina. Was für schöne Namen.

Ich setzte mich vor Tulu ins Gras und riss ein paar Halme aus.

«Das sind meine Ponys, Inchie und der dicke Louis.» Schon galoppierten die Grasponys auf Tulu zu.

«Schau, wie sie wiehern.»

Mit seinen riesigen schwarzen Augen musterte Tulu das Schauspiel.

«Und jetzt kitzeln sie dich.»

Ich ließ die Grashalme über Tulus Ärmchen tanzen. Er strahlte, während die letzten Tränen über seine Wangen rollten.

Sitina griff in den Beutel am Buggy, drückte Tulu einen Schokokeks in die Hand und bot mir auch einen an. Mir lief das Wasser im Mund zusammen. Mama ließ mich nie so was essen. Aber Mama schnatterte mit dem Zahnfletsch-Gian. Selber schuld.

«You ... Ethiopia?», fragte Sitina.

«Yes. You?», fragte ich zurück.

Sitina war nicht aus Äthiopien, sondern aus Eritrea. Das ist das Nachbarland von Äthiopien. Papa hat es mir auf der Landkarte gezeigt, es liegt fast beim Horn von Afrika und grenzt ans Meer. Dort ist es für sehr viele Leute sehr schwierig zu leben. Man kann nicht einfach in einen Laden gehen und Schokokekse kaufen. Es gibt keine Ponys zum Reiten, nur Lastesel. Und die Schulen sind ganz anders als bei uns. Es ist nicht mal sicher, ob alle Kinder zur Schule gehen dürfen. Manchmal fände ich das zwar ziemlich beneidenswert. Aber nicht wirklich, wenn ihr wisst, was ich meine. Dass ich Englisch gelernt habe, war auf jeden Fall gerade sehr praktisch.

Wir unterhielten uns noch eine ganze Weile weiter, mit Händen und Füßen und einigen Worten. Jedes Mal, wenn der kleine Tulu unruhig wurde, schnitt ich eine Grimasse und wippte mit dem Tanzfuß.

«Yeshi», rief meine Mama. «Wo bist du?»

Ich machte Sitina ein Zeichen, dass ich gleich wiederkommen würde, und rannte zu Mama.

«Hör mal, mein Mädelchen. Gian ist hier mit seiner Tochter verabredet.»

Seit wann hatte der denn eine Tochter?

«Stell dir vor, sie ist genauso alt wie du», strahlte Mama. «Wir wollen einen Kaffee trinken, ihr könnt ein Schokoeis essen und ein bisschen plaudern.»

Mama zeigte auf das kleine Restaurant am Ufer, das voller Menschen war.

«Gemütlich, nicht?»

Neben Mama und ihrem Milchschaumkaffee sitzen und Gian beim Zähnefletschen zusehen? Seine Tochter kennenlernen, die bestimmt ebenso blöd war wie er?

«Nein, ich geh zum Spielplatz, da sind paar von meiner Klasse», sagte ich.

«Meinst du wirklich?»

«Klar, Mama. Eben habe ich die Krokodilmädels gesehen.»

«Das klingt gefährlich.» Mama zögerte.

«Keine Sorge. Die sind …», nein, nett konnte ich nicht sagen, das wäre gelogen, «… die sind ganz okay.»

«Und du läufst sicher nicht weiter als zum Spielplatz?»

«*Absolutgarniemalsnie*.»

Immer noch war sie nicht überzeugt. Was hat sie denn

bloß? Ich fliege übermorgen allein nach London.

«Du kannst dich auf mich verlassen, Mama, *himmelsblitzunddonnernochmal!*»

Nun lachte Mama.

«Also gut. Da vorne ist eine Uhr. In einer halben Stunde sind wir zurück. Wir bringen Gians Tochter mit, sie spielt sicher gerne mit euch.»

Mama drehte sich mindestens zehn Mal um und kaum saßen sie und Gian am Tisch, winkte sie mir zu.

«Meine Mama», erklärte ich Sitina, als ich wieder zu ihr und Tulu trat. «Sie hat immer Angst um mich.»

«Mama?», fragte Sitina und legte ihre Stirn so sehr in Falten, dass es ganz gruselig aussah. Ach so, natürlich. Sie verstand nicht, warum Mama meine Mama war.

«Ich bin *abotiert*, weißt du.»

Sitina schüttelte den Kopf und murmelte vor sich hin.

«Oder *atopiert*, ich weiß nicht genau, wie man es sagt», versuchte ich es noch mal.

Aber Sitina verstand meinen Buchstabensalat nicht.

«Tulu home», sagte sie und machte sich ans Gehen.

Ich gab dem Purzel ein Küsschen auf die Nase.

«Ich geh jetzt spielen. Bye-bye.»

Ich glaube, Tulu hat sich in mich verliebt. Auf jeden Fall protestierte er so laut, dass manche Leute hersahen. Auch die Krokodilmädels, die alle Schaukeln belegten. Als die fiese Doro in der Mitte etwas sagte, worauf die anderen sich kaputtlachten, wusste mein Grummelbauch, was er wollte.

«Sitina, ich komme mit.»

Ich deutete mit den Fingern an, was ich meinte.

Da staunte Sitina.

«You visit?»

«Nur ganz schnell. Eine halbe Stunde.»

Länger konnte ich nicht wegbleiben.

«Ihr wohnt doch in der Nähe? So etwa einen Kilometer? One kilometer?»

«Yes.»

Was für eine *glitzerluftige* Superidee. Ich würde sehen, wo Sitina und Tulu wohnten, und nach den Ferien würde ich sie mit Mama zusammen besuchen. Sitina würde merken, dass Mama eigentlich ganz nett ist, und müsste sie nicht mehr so böse anschauen.

# Einmal quer durch
# die ganze Stadt

Einige Minuten später stiegen wir in die Tram mit dem violetten Schild. In der Stadt haben die Straßenbahnen große Schilder, für jede Linie eine andere Farbe und eine andere Zahl. Eigentlich gefällt mir das, Farben kann ich mir viel besser merken als Zahlen. Trotzdem wurde mir etwas mulmig. Nun waren wir bestimmt schon mehr als einen Kilometer unterwegs. Auf der großen Anzeigetafel ploppte eine Haltestelle nach der anderen auf. Ob ich den Heimweg wiederfinden würde? Ich zupfte Sitina am Ärmel.

«Home?», fragte ich.

Sitina holte ein Handy hervor und schrieb eine Nachricht mit komischen Zeichen.

«You play ... Tulu», sagte sie.

Aber Tulu wollte nicht. Durch die Scheibe beobachtete er ein Mädchen mit einem Ballon. Er war groß und himmelblau. Ich weiß, dass ich eigentlich schon zu alt bin für Ballons, aber ich liebe sie fast so sehr wie Ponys.

«Was meinst du, Tulu, willst du den fliegen sehen?»

Ich winkte dem Mädchen zu und machte eine Grimasse. Dann tanzte ich mit meinem Fuß über die Fensterscheibe. Die Sohle war dunkelschwarz, ich war ja barfuß unterwegs. Vor lauter Staunen ließ das Mädchen den Ballon los.

«Juhu, Tulu, schau.»

Leider fuhr die Straßenbahn in dem Moment an, und wir sahen nicht, wohin der Ballon verschwand. Auf der Anzeigetafel ploppte die nächste Haltestelle auf: *Opernhausplatz*. Einmal war ich mit Mama in der Oper gewesen, *Ronja Räubertochter* hatten wir uns angesehen. Die arme Ronja ganz allein im Wald. Das fand ich nicht so cool. Nach der Pause wollte ich nicht mehr rein. Das aber fand Mama nicht so cool. Damals war es Winter gewesen und der Platz ziemlich leer, nun war er voller Menschen. Ich sah ein Mädchen mit einem Skateboard, ein paar eisschleckende Teenager, wasserspritzende Kinder beim Brunnen und einige Zuschauer, die sich um drei junge Musiker versammelten. Gerade waren sie mit einem Stück zu Ende. Die Zuschauer klatschten und warfen Münzen in einen umgedrehten Fahrradhelm. Die Geldstücke glitzerten in der Sonne, genau wie der See im Hintergrund. Der Glitzersee. Den kannte ich, das war gut. Wenn ich dem Ufer entlang ging, würde ich die Badeanstalt mit Mama wiederfinden.

Die Straßenbahn hielt.

«Sitina, aussteigen!»

Ich zupfte sie am Ärmel, aber sie war mit ihrem Telefon beschäftigt. In der Ferne erblickte ich das riesige Zifferblatt einer Turmuhr. Wie viel Uhr es jetzt wohl war? *Konzertier dich, Yeshi!* Aber leider verrieten mir die Striche nicht, ob die halbe Stunde schon vorbei war.

Da stieg eine Frau mit einem Buggy ein. Mist, nun gab es einen Kinderwagen-Stau. Das Baby quengelte und

Tulu ließ sich anstecken. Doch die beiden hatten nicht mit mir gerechnet. Ich schnappte mir Tulus Wasserflasche und zwei Geldscheine aus meinem Portmonee mit dem gesparten Geld. Die waren knisterrot und ließen sich prima falten.

«Schaut mal, das sind Ponys. Das sind Inchie, Svenja und die Flasche ist der dicke Louis. Louis und Svenja wollen einen Ausflug machen. Inchie will nicht. Sie will mit Louis ein Möhreneis essen.»

Immer mehr Kinder hörten mir zu, mittlerweile standen mehrere Wagen um uns herum.

«Jetzt sind die Ponys müde und machen ein Nachmittagsschläfchen», beendete ich meine Geschichte und alle Leute in der Tram klatschten.

«Das hast du richtig gut gemacht», meinte eine Frau. «Am liebsten würde ich dich als Babysitter engagieren. Wo ist denn deine Mama? Da vorne?»

Sie zeigte auf Sitina. Wie kam die Frau denn auf so eine Idee? Mama saß doch mit Zahnfletsch-Gian und seiner Tochter am See und trank einen Kaffee nach dem anderen.

Ich zupfte Sitina erneut am Ärmel.

«Sitina? Wie viel Uhr ist es denn?»

Sitina sah mich verständnislos an.

«What watch? Ist die halbe Stunde vorbei?»

Aber Sitina drehte sich einfach um und schob den Buggy zur Tür. *Hauptbahnhof* stand nun auf der Anzeigetafel.

Leider waren wir immer noch nicht am Ziel. Auch nicht, nachdem wir in eine Straßenbahn mit einem erbsengrünen Schild eingestiegen waren. Die Fahrt dauerte und dauerte und mir wurde immer mulmiger. Draußen ragten die Häuser so hoch hinauf, dass ich den Himmel nicht mehr sah, und die Menschen eilten über einen Platz, ohne sich anzusehen. Nein, da gefiel es mir nicht. Und plötzlich hatte ich eine Idee. Ich würde einfach sitzen bleiben. Irgendwann wäre die Straßenbahn bestimmt wieder da, wo meine Reise angefangen hatte. Tulus Zuhause würde ich ein anderes Mal besuchen. An der Haltestelle mit dem Namen *Sternen Oerlikon* stieg Sitina aus. Ein Mann half ihr mit dem Kinderwagen.

Ich winkte Tulu zu.

«Bye-bye. Bis bald.»

Da schob mich eine Frau zur Tür.

«Du aussteigen. Sonst deine Mama weg.»

Wieso sprach die so komisch?

«Los. Steigen aus!» Sie gab mir einen kleinen Stoß.

«Das ist nicht meine Mama», rief ich.

Doch die Frau drückte auf dem Knopf herum, und als die Türen geschlossen blieben und die Straßenbahn weiterfuhr, schrie sie: «Halt, aufmachen. Hallo, Chauffeur. Hier ist ein Kind, das zu seiner Mutter muss.»

Sosehr ich auch beteuerte, dass dies nicht meine Mutter sei, keiner glaubte mir. Die Straßenbahn hielt, die Tür ging auf und alle sahen mich auffordernd an.

«Schau mal, die hat noch nicht mal Schuhe an», flüsterte eine Jungenstimme.

«Pscht. Das sind Flüchtlinge.»

Ich machte den Mund auf, um diesen blöden Leuten zu sagen, dass ich Sitina gerade mal ein paar Minuten und einen Kilometer lang kannte, dass sie erst sehr nett, jetzt aber nicht mehr so nett war und dass ich einfach still und leise in einer Ecke sitzen wollte, bis die Straßenbahn wieder am Glitzersee war, wo mich meine richtige, echte Mama abholen würde. Aber dann brachte ich keinen Ton heraus. Es war irgendwie zu kompliziert.

# Das farbige Puppenhaus

Ich hüpfte neben Sitina her, meine Hand in Tulus Faust geschoben. Er war eingeschlafen. Wir hatten lange an dem Platz ohne Himmel auf einen Bus warten müssen, nun gingen wir einem Bach entlang. Er war eingeschlossen von einer Mauer aus Steinfelsbeton, weit und breit war keine Wiese zu sehen. Hier konnte man bestimmt nicht mal baden.

Ich hatte es aufgegeben, Sitina zu erklären, dass ich zurückmusste. Wenn wir bei ihr zu Hause wären, würde ich ihr Handy mopsen, um Mama anzurufen und ihr alles zu erklären. Endlich überquerten wir eine Brücke. Ich staunte, als ich die kleinen bunten Häuser sah, gelb, dunkelorange und hellblau, zwei Reihen, übereinandergestapelt, dicht aneinandergedrängt, ein buntes Puppenhaus.

Ich half Sitina, den Wagen ein paar Stufen hochzutragen. Puh, er war ganz schön schwer. Tulu wog sicher hundert Kilo. Als ich hinter Sitina den Flur betrat, schnappte ich nach Luft. Es roch nach Essen, Waschmittel und nach etwas Würzigem. Ich sah eine Frau beim Kochen, eine beim Wäsche-Aufhängen, Kinder beim Spielen, es war ein Summen und Brummen wie in einem Bienenhaus.

«Gehört das Haus dir? Your family?», staunte ich.

Sitina öffnete die Tür zum letzten Zimmer im Flur.

«Home.»

Ich blieb auf der Schwelle stehen. Das war eine ganze Wohnung in ein winziges Zimmer gepackt. Ein Hochbett, ein Spielauto, an der Wand Haken voller Kleider, ein Sofa, davor ein Fernseher, eine gespannte Schnur mit T-Shirts, daneben zwei Kochplatten mit Gas (das kannte ich von Campingferien mit Papa), Pfannen, Teller, Gläser, eine Lampe, ein Tisch, Stühle. Auf einem saß ein Mann. Seine Augen erinnerten mich an Doros, wie glänzende Murmeln.

Er sagte etwas. Sitina antwortete.

Pingpong, pingpong ging das hin und her.

War das Sitinas Mann? Warum half er ihr nicht mit den Tüten? Auch auspacken musste sie ganz allein. Bald türmten sich Packungen mit Linsen auf dem Tisch. Orange, rote und gelbe. Sitina ließ Wasser in eine Pfanne laufen und begann, Zwiebeln zu schälen.

«Sitina», sagte ich. «I call my mama.»

Ich weiß nicht, warum sie mich nicht mehr verstand. Am See hatte es doch gut funktioniert, das mit den Händen und den Füßen und dem Englisch. Mein Herz flatterte. Auf *überhauptgarkeinen* Fall wollte ich, dass meine Mama sich Sorgen machte. Neben dem Fernseher lagen vier Handys. Wozu brauchte eine einzige Familie so viele Telefone? Blitzschnell schnappte ich mir eines.

«Toilette», sagte ich zu Sitina.

Das verstand sie zum Glück. Sie redete auf den Mann ein, der schließlich aufstand und in seinen Schlappen vor mir herging, bis er auf eine Tür mit einer lustigen

Strichfrau samt Kopftuch zeigte. Da war es tipptopp sauber, es roch nur etwas eigenartig. Derselbe Geruch wie in Sitinas Wohnung. Ich zögerte einen Moment. Normalerweise schließe ich nie ab, Mama steht immer davor und passt auf. Ich habe immer fürchterliche Angst, dass eine Glibberschlabberqualle aus dem Klo steigt und mich verschlingt. Aber da musste ich jetzt durch.

Beim Handy sollte man einen Code eingeben. Mist. Da fiel mir Papa ein.

«Probieren geht über Studieren», sagt er immer.

Darum macht er auch so Sachen wie ein Jahr nach London gehen.

«Probieren geht über Studieren, Yeshi», flüsterte ich also. «Es gibt nur zehn Zahlen. Man muss bloß herausfinden, wie man die kombiniert.»

Also kombinierte ich: eins, zwei, drei, vier. Fehlanzeige. Noch mal. Wieder nicht.

Diesmal versuchte ich etwas anderes: null, eins, zwei, drei. Es klappte. Ich jubelte und wollte Mamas Telefonnummer eintippen.

*Konzertier dich, Yeshi!* Aber mein Bauch grummelte so sehr und mein Herz war so flattrig, dass mir die Zahlen nicht einfielen. Zum Glück hat Mama vorgesorgt und mir einen Zettel ins Portmonee gesteckt, wo alles draufsteht. Für den Notfall. Im Rucksack fand ich ein uraltes Stoffpony, eine verschimmelte Laugenbrezel und neun Haargummis für meine Zöpfchen. Nur nicht das Portmonee. Mistmistmist.

«*Himmelsblitzunddonnernochmal*, Yeshi! Man verliert doch kein Portmonee!»

Ja, Mama, es tut mir leid. Ich weiß auch ganz genau, wo es ist. Auf dem Sitz in der Straßenbahn, da, wo ich es hingelegt hatte, während ich mit den Kindern Reiterhof gespielt hatte. Mir war elend, mein Bauch grummelte wie verrückt. Das ganze ersparte Geld für die neuen Turnschuhe! Die brauchte ich, sonst würde Mama ausrasten. Und dann würde sie den Zahnfletsch-Gian heiraten und mit ihm und seiner Tochter eine neue Familie gründen. Während sie mich zurückschickte, nach Äthiopien, wo ich keinen Menschen kannte.

# Fußball Yeshi-Style

Als ich hinaustrat, starrten mir meine Augen entgegen. Nanu, wieso war da plötzlich ein Spiegel? Um ganz sicher zu sein, hielt ich den Atem an, legte meine Hand auf den Grummelbauch und kniff die Augen zusammen.

Da lachte das Gesicht auf. «Du ... Clown», sagte eine tiefe, kratzige Stimme.

Nein, das war kein Spiegel. Ich stieß einen Schrei aus. Vor mir stand ein Mädchen, mit den gleichen Augen wie ich, den gleichen Haaren wie ich, Kapuzenjacke, Leggins. Und mit der gleichen Hautfarbe wie ich. Was uns unterschied, waren nur drei Dinge: An ihren Ohren baumelten grün-gelb-rote Ringe, ihre Zopffrisur war tausendmal schöner als meine, und sie war nicht barfuß.

Wie hieß sie? Woher kam sie? War das vielleicht meine Schwester? Meine Gedanken machten eine *Purzeldrehrolle* nach der anderen.

«Ich bin Tigist», sagte das Mädchen in einem fremd klingenden Hochdeutsch.

«Ich heiße Yeshi.»

«Yeshi», lachte Tigist. «Meine Tante ... auch Yeshi.»

Da wurde mein Herz richtig warm. Noch nie hat jemand meinen Namen gekannt. Ich zeigte auf die Ohrringe.

«Cool. Ich möchte auch solche. Aber meine Mama sagt, ich darf keine Löcher stechen.»

Ich glaube, das verstand Tigist nicht. Dafür verstand ich sie ohne Probleme, als sie eine Kopfbewegung machte, ich solle ihr folgen.

«Yeshi, du musst nach Hause!», donnerte es in meinem Kopf. «Mama wartet auf dich!»

Und dann flatterte mir das Herz aus der Brust. Ich schwöre es euch. Wie ein kleiner hellbrauner Schmetterling flog es vor mir her, tanzte einmal um Tigist und folgte ihr. Da konnte ich nicht anders. Ich meine, kann ich mein Herz hierlassen und mit dem Grummelbauch und dem Tanzfuß heimgehen? Das geht doch nicht, das wird auch Mama verstehen. Und so betrat ich erneut ein Wohnungs-Zimmer. Etwa hundert Kinder saßen am Tisch. In der Mitte stapelte sich ein Berg runder Fladen, die sahen aus wie dünne Pizzaböden. Daneben ein Topf Sauce, im Hintergrund lief Trommelmusik.

Eine Frau fragte mich etwas. War sie etwa die Mutter von all diesen Kindern? Sie trug ein oranges Kopftuch und sie war sehr rund um die Hüften. Sie sah ein bisschen aus wie der Schneemann, den Papa und ich letzten Winter gebaut hatten. Nur dass ihre Haut von dunkelstem Braun war. Sie dachte offenbar, ich würde sie verstehen.

«Dabu?», unterbrach ich ihren Wortschwall und deutete auf den Tisch.

*Dabu* ist Amharisch und heißt Brot. Das einzige Wort, das ich in der äthiopischen Sprache kann. Ein Junge rutschte zur Seite, sodass ich mich zwischen ihn und ein Mädchen auf den Plastikstuhl zwängen konnte. Wie auf

Kommando begannen alle zu essen. Sie rissen ein Stück von dem Fladen ab, tauchten ihn in die Sauce und schoben das Ganze in den Mund, die Großen fütterten die Kleinen. Das ging so schnell, ich kam gar nicht nach mit Schauen.

Nun merkte ich, dass mein Bauch grummelte wie verrückt, nicht vor Wut, nicht vor Angst, sondern vor Hunger. Es schmeckte megalecker. Bis ich schluckte. Da war es, als ob mein Hals explodierte. *Himmelsblitzunddonnernochmal*, war das scharf! Die Frau reichte mir ein Stück Banane, die Kinder kicherten.

In diesem Moment tauchte Tigist wieder auf, in der Hand ein paar Flipflops. Erneut ging eine Diskussion los. Die Muttermama war irgendwie nicht einverstanden, dass sie mir die Schuhe schenkte, aber Tigist gab zurück. Und wie! Die war ja noch frecher als ich.

Als die Muttermama eine Weile später in die Hände klatschte, standen alle Kinder auf, räumten den Tisch ab und rannten hinaus. Tigist winkte mir erneut. Mitspielen? Klar wollte ich. Der Junge, neben dem ich gegessen hatte, hieß Hawi und war der Chef, er teilte uns in Gruppen ein. Jungen gegen Mädchen. Mit leeren PET-Flaschen markierte Hawi zwei Tore, von irgendwoher rollte ein Ball auf die Wiese. Bevor ich mich umdrehte, hatte Hawi schon ein Tor geschossen. Und gleich noch eines, und noch eines. Er dribbelte, schlug Haken, jonglierte den Ball wie Tobias aus meiner Klasse. Blödes Fußballspiel. Es war immer das Gleiche. Die Jungs verwandelten sich in Blödmänner, sobald sie ein Tor sahen.

Ich schnappte mir den Ball. Hab ich schon gesagt, dass ich sehr schnell laufen kann? Hawi protestierte. Aber Tigist rannte hinter mir her, gefolgt vom Rest der Meute. Bevor sie mich schnappten, warf ich den Ball in hohem Bogen zu Tulu, der neben Sitina im Gras stand und uns mit seinen Kulleraugen zuguckte.

«Fang, Tulu!»

Der Purzel wackelte blitzschnell auf den Ball zu und gab ihn an ein Mädchen weiter.

Ich überholte alle und schrie: «Wieder zu mir.»

Als Hawi sich den Ball zurückschnappte, gab es Riesenapplaus der Jungs. Tigist und ich sahen uns an, das konnten wir nicht auf uns sitzen lassen. Ich jagte Hawi hinterher. Überholte die anderen, dachte an meine Ponys im Baumhaus und wurde noch schneller, dachte an Mama und den Zahnfletsch-Gian, an Papa in London, an Lian und die fiese Doro mit der Mütze. Und dann dachte ich nichts mehr. Ich rannte nur noch, ich rannte und rannte. Bis ich den Ball erwischte.

«Das ist Fußball Yeshi-Style!», schrie ich in meinem breitesten Zürichdeutsch. Und winkte meinem Schmetterlingsherz zu, das vor Freude um meine neuen Freunde herumtanzte.

Wir spielten, bis es dunkel wurde. Dann hatte Hawi genug. Als ihm Tigist den Ball wieder mal wegschnappte, stellte er ihr ein Bein.

«Das ist voll unfair!», protestierte ich.

Aber Hawi zeigte mir den Stinkefinger. Tulu nutzte

den Moment und schnappte sich den Ball. Grob holte Hawi ihn zurück, sodass Tulu zu weinen begann.

Ich riss Hawi am Arm.

«Blödmann!»

Er stürzte sich auf mich. Tigist kam mir zu Hilfe, die anderen Kinder folgten. Da ertönte eine laute Stimme. Die Muttermama. Sie wackelte auf den Platz und verpasste den Jungs ein paar Ohrfeigen, während sie die Mädchen anschrie. Auf einen Schlag stoben alle davon. Als Muttermama an mir vorbeiging, zischte sie irgendwas. Es klang nicht sehr freundlich. Ich schlich zu den Flipflops, die als Einzige noch auf dem Rasen lagen.

«Du ... heim?», fragte Tigist.

Heim? Sogleich begann mein Bauch zu grummeln.

Wir gingen zusammen zurück. Fast alle Türen im Haus standen nun offen, ein Stimmengewirr erfüllte den Flur. Es roch noch schärfer als am Nachmittag. Sitina hatte Tulu auf der Hüfte und rührte Pulver in zwei große Kochtöpfe.

Ich holte meinen Rucksack.

«Bye-bye, Sitina. Bye-bye, Tulu.»

Sitina drückte mich an ihren Bauch. Er war rund und warm. Ganz anders als bei Mama.

«You ... come back», sagte sie. «Tulu, your friend.»

Als ob der Kleine begreifen würde, dass ich wegging, fing er an zu weinen. Und ich ein bisschen mit.

Unterwegs erfuhr ich aus Tigists Wortbrocken, dass sie seit einundzwanzigeinhalb Wochen im Puppenhaus lebte, zusammen mit ihrer Mama und zwei Schwestern. Die anderen Kinder stammten aus anderen Familien. Keines von ihnen wusste, ob sie wirklich hierbleiben konnten. Tigist hatte erlebt, wie eine ganze Familie wieder zurückreisen musste. Davor hatte sie große Angst. Denn ihr gefiel es hier. Am liebsten mochte sie die Deutschstunde. Darum konnte sie auch schon so gut sprechen. In diesem Moment kam der Bus. Ich wollte Tigist etwas schenken und gab ihr den Bernstein von Frau Morgenstern. Da zog Tigist einen ihrer Ohrringe heraus.

«Die Farben von *Ethiopia*», sagte sie.

Grün, Gelb und Rot. Ein warmes Gefühl grummelte durch meinen Bauch. Nun konnte Mama nichts mehr dagegen haben, dass ich mir Löcher stechen ließ.

Wir umarmten uns.

«Bis bald, Tigist.»

«T'iruwini, Yeshi.»

# Der Käppi-Chauffeur und die Froschaugen-Kontrolleurin

Im Bus war ein richtiges Menschengewimmel. Und keiner sprach, man hörte nur den Motor brummen. Wie können so viele Menschen so still sein?

«Wo kann man hier eine Fahrkarte kaufen?», fragte ich.

Als keiner antwortete, gab ich es auf. Vielleicht brauchte man gar keine. Ich spähte durch die Scheibe in die dunkle Nacht. Jedes Mal, wenn der Bus hielt, wurde ich ein bisschen mehr zur Seite gedrängt. Genau vor mir tippte ein großer, langer Mann auf seinem Handy herum und haute mir seinen Ellbogen ins Gesicht.

«Autsch», sagte ich. Er reagierte nicht.

Nun bremste der Bus. Der Mann stolperte und erwischte meinen Flipflopfuß.

«Autschautsch.»

Das kümmerte ihn nicht. Auch die Umstehenden reagierten nicht.

«Kannst du mir sagen, wann die Sternenhaltestelle kommt?», fragte ich den Langen freundlich.

Keine Reaktion.

«Entschuldigung, aber lässt du mich mal auf die Anzeigetafel sehen, bitte.»

*Entschuldigung* und *bitte* in einem Satz? Mama wäre stolz gewesen auf mich. Ob der Mann vielleicht schwerhörig war? Das sagt Mama manchmal zu Papa, wenn er nicht das macht, was sie will. Wenn mir der Lange keinen Platz macht, dann mach ich mir halt selbst Platz, dachte ich und sprang in die Luft.

Hab ich schon gesagt, dass ich richtig gut springen kann?

«Kannst du nicht stillstehen, du blödes Gör?», zischte der Lange.

Bei der nächsten Haltestelle drängten noch mehr Leute herein. Hilfe. Ich musste bestimmt bald aussteigen. *Konzertier dich, Yeshi.*

Und da hatte ich eine *glitzerluftige* Superidee.

Als der Bus langsamer wurde, schrie ich ganz laut: «Mama!»

Der Lange machte zwar keinen Wank, sein Nachbar jedoch sagte: «Machen Sie mal Platz, die Kleine will zu ihrer Mama.»

Blitzschnell wuselte ich nach vorn bis zum Chauffeur.

«Du, wann kommt der Platz ohne Himmel mit den Sternen?», fragte ich.

Der Chauffeur hatte ein lustiges Käppi auf dem Kopf, ein rundes Gesicht und ganz liebe Augen.

«Der Platz ohne Himmel mit den Sternen?», sagte er. «Das ist originell.»

Ich weiß nicht genau, was originell heißt, aber wenn Frau Morgenstern das zu mir sagt, lacht sie genauso wie der Chauffeur.

«Noch drei Haltestellen.»

Drei. Das war gut. Hab ich schon gesagt, dass ich die Drei mag?

«Wohnst du da?», fragte der Chauffeur, als er weiterfuhr.

«Nein, da muss ich auf die Straßenbahn mit dem erbsengrünen Schild.»

Da lachte er noch mehr.

«Du bist mir eine Lustige», sagte er, während er das große Steuerrad umfasste und auf die Straße schwenkte. Wie ein großes Schiff pflügte der Bus sich durch die vielen Autos.

«Kann ich bei dir eine Fahrkarte kaufen?»

Der Käppi-Chauffeur nickte.

«Warte, bis wir beim *Sternen-Platz-ohne-Himmel* sind.»

An der Haltestelle stiegen alle Leute aus. Aus einer alten Ledertasche holte der Käppimann eine Fahrkarte. Mit dem Bild eines Zugs, der durch eine sonnige Landschaft fuhr.

Ich schüttelte den Kopf.

«Die ist für Babys. Ich brauche eine richtige Fahrkarte.»

«Wieso? Hat deine Mama keine für dich?»

«Sie ist nicht hier. Sie wartet zu Hause.»

«Na so was. Bist du ganz allein unterwegs?» Der Käppi-Chauffeur sah mich kritisch an.

Ich warf mich in die Brust.

«Ich bin eben schon sehr *selstbändig*.»

Da musste er erneut lachen, es klang wie ein glucksender Bach.

«Also gut, du selbstständiges Mädchen.» Er ließ eine Karte aus seinem Automaten. «Die musst du noch abstempeln. Kostet hunderttausend Franken.»

«Kannst du mir was leihen?», fragte ich. «Ich zahle es dir zurück, wenn ich nächstes Mal Taschengeld bekomme.»

Der Käppimann schüttelte den Kopf.

«Ich schenk es dir. Und das dazu.»

Er drückte mir zwei Kaugummis in die Hand. Die waren ganz schwarz.

«Ist was Neues, für extraweiße Zähne», sagte er.

Das klang gut. Mama sagt immer, dass ich meine Zähne nicht genug putze und dass sie darum so gelb sind.

«Tschüss, Herr Chauffeur. Und vielen Dank.»

Ich winkte ihm und verstaute die Fahrkarte in meinem Rucksack. Mama wäre schon wieder stolz auf mich.

Die Straßenbahn mit dem erbsengrünen Schild fand ich auf Anhieb. Von meinem Platz aus konnte ich die Anzeigetafel sehen, bis zum Hauptbahnhof waren es noch dreizehn Stationen. Im Kopf zählte ich mit und sah aus dem Fenster. Häuser, Autos, Lichter, Menschen. Aber nun waren sie nicht mehr so fremd wie eben. Eine dunkelhäutige Familie stieg ein.

«Geht ihr auch zum Bahnhof?»

Das Mädchen nickte. Sie hieß Neeraj, wohnte bei dem Berg auf der anderen Seite der Stadt und kam aus Pakistan.

«Magst du einen Kaugummi?»

Als Neerajs Mama den schwarzen Kaugummi sah, schüttelte sie erbost den Kopf und zog Neeraj zu ihren Geschwistern, die auf dem Handy ein Game spielten. Zu gerne hätte ich mitgemacht, aber ich glaube, die Frau wollte das nicht. Sie sah mich auf jeden Fall sehr böse an. Ungefähr so, wie Sitina meine Mama angeschaut hatte. Was war das nur heute mit diesen bösen Blicken?

Trotzdem winkte ich Neeraj zu, als sie am Hauptbahnhof weiterging, während ich da auf die nächste Straßenbahn wartete. Endlich kam die violette Vier. Vor mir stieg eine Oma mit einer lustigen Mopshündin ein, sie hatte ein Halsband mit Glitzersteinen und hieß Lola. Am liebsten hätte ich ihr ein Küsschen auf die zerdrückte Schnauze gegeben. Ich glaube, Lola fand mich auch cool. Auf jeden Fall wedelte sie wie verrückt.

«Fahrkartenkontrolle», sagte eine strenge Stimme.

Sie gehörte einer kleinen Frau mit riesigen Froschaugen, die hinter mir eingestiegen war. Als ich sah, dass die Leute in ihren Taschen kramten, machte ich es auch. Die Froschfrau schüttelte den Kopf.

«Du brauchst eine gültige Fahrkarte.»

War sie blind, überlegte ich.

«Sie haben sie in der Hand. Ich habe sie beim Käppi-Chauffeur gekauft.»

«Bei welchem Käppi-Chauffeur?»

«Vom Bus. Es hat hunderttausend Franken gekostet.»

Nun war die Froschtante bestimmt schwer beeindruckt.

War sie aber nicht.

«Die Fahrkarte ist trotzdem nicht gültig», sagte sie streng. «Sie ist nicht abgestempelt.»

OH NEIN. Das hatte ich glatt vergessen! Im Geiste hörte ich Mama: «Yeshi, du Liederlise!»

Kleinlaut sah ich die Frau an.

«Entschuldigung. Ich mach es bei der nächsten Haltestelle.»

Die Froschtante kniff die Augen zusammen.

«Sag mal, willst du mich ärgern?»

Wieso kam die drauf, dass ich sie ärgern wollte, ich war doch ganz freundlich gewesen? Vielleicht sollte ich besser aussteigen.

Da packte mich die Froschtante am Arm.

«Halt, hiergeblieben. Wo ist deine Mutter?»

Das kannte ich ja schon. «Weiter vorne», sagte ich.

Aber weiter vorne waren kaum Menschen. Keine Mutter mit Kinderwagen auf jeden Fall.

Die Froschtante zog mich zu einem Mann. Es war der einzige Mensch mit dunkler Haut. Er trug einen Anzug mit Krawatte, genau wie mein Papa, wenn es ganz *ozifiell* wird. Oder so, ihr wisst, was ich meine.

«Ist das Ihre Tochter?», fragte die Froschtante streng.

Ohne die Kopfhörer aus den Ohren zu nehmen, zeigte der Mann einen kleinen rotweißen Ausweis her. Swisspass stand da drauf. Mama hatte auch so einen. Das war bestimmt gut, hoffte ich.

War es nicht.

«Haben Sie keine Familienkarte?», sagte die Frosch-tante so eisig, wie meine Füße sich mittlerweile anfühlten.

«Wieso sollte ich?», antwortete der Mann und wirkte verwirrt.

«Das heißt, das Mädchen fährt schwarz?»

«Schwarz?»

Die Leute waren plötzlich bocksteifstill. Wirklich. Keiner regte sich mehr. Alle sahen zu uns. Sogar Lola, der Mops.

«Dass Sie sich nicht schämen!», sagte die Oma.

Nun wurde die Froschtante feuerrot. Erst färbte sich der Hals, dann das Kinn, dann die Backen und schließlich die Ohren, die aus der Kurzhaarfrisur hervorlugten.

«Ihre Tochter braucht eine gültige Fahrkarte», sagte sie und schaute dem Anzugmann starr in die Augen.

«Es ist nicht meine Tochter», sagte er und blickte genauso starr zurück.

Nun wusste die Kontrolleurin nicht mehr weiter. Sie sah mich an, dann den Anzugmann, dann wieder mich. Mein Grummelbauch stand kurz davor, zu explodieren. Ich wollte der Froschtante sagen, dass ich heute erst eine falsche Mama und dann einen falschen Papa bekommen hatte und dass ich mich fragte, warum die Leute in den Straßenbahnen alle Glibberschlabberquallen auf den Augen hatten?

«Wo ist denn deine Mutter?», fragte die Froschtante schließlich.

Da hob die Mops-Oma die Hand.

«Ich bin die Großmutter. Und ich habe die Enkelkarte zu Hause vergessen.»

Das war zu viel für die Froschtante. Nachdem sie die Oma ausgeschimpft und meine ungültige Fahrkarte eingesteckt hatte, stieg sie an der nächsten Haltestelle aus.

Der Anzugmann sagte, ich solle schleunigst verschwinden, es sei viel zu spät für so ein kleines Mädchen. Und die Mops-Oma drückte mir ein Fünffrankenstück in die Hand.

«Da, mein Kind, steig aus, kauf dir eine Fahrkarte. Und dann gehst du heim zu deiner Mama.»

# Jagd auf Lola-Mops

Ich kam nicht dazu, mir eine Fahrkarte zu kaufen. Gerade als ich nämlich das Geldstück in den Schlitz stecken wollte, entdeckte ich Lola-Mops. Sie war offenbar aus ihrem Halsband geschlüpft und hinter mir hergerannt. Nun stand sie da und wedelte wie verrückt. Oh nein, da hätte die Oma gar keine Freude. Ich stopfte die Flipflops in den Rucksack, packte Lola und rannte der Straßenbahn hinterher. Seid ihr schon mal mit einem Zappel-Mops im Arm bei Feierabend durch die Stadt gerannt? Ich kam einfach nicht vorwärts.

Zum Glück hatte ich einen neuen Trick.

«Mama!», schrie ich. «Mama, warte auf mich!»

Cool, es funktionierte auch hier. Die Leute machten mir Platz und ich startete durch, um die Straßenbahn mit der Oma drin an der nächsten Haltestelle zu erwischen. Ich rannte und rannte. Fast hatte ich es geschafft, schon erkannte ich die Oma, die friedlich zum Fenster hinaussah, ohne zu ahnen, dass ihr Mops nicht mehr zu ihren Füßen lag. Da wand Lola sich aus meinen Armen.

«Nein!», schrie ich. «Lola, Fuß, komm sofort zurück.»

Lola-Mops hörte nicht auf mich und hoppelte davon. Und sie wurde schneller und schneller. Im Nu raste sie an einem Brunnen vorbei, durch eine breite Gasse, an Tischen voller Menschen entlang, direkt auf eine überfüllte Straße.

«Lola, halt, die Ampel ist rot!»

Aber Lola war wohl nicht nur taub, sondern auch farbenblind. Sie schlug einen Haken, um einem Lastwagen auszuweichen, duckte sich unter einem stehenden Auto hindurch auf die andere Seite in eine neue Gasse hinein. Ich wetzte hinterher. Hupen, Bremsen, alle schrien auf.

«Pass doch auf, du blöde Göre!», brüllte ein Mann.

«Mama, schau, das Mädchen ist barfuß», hörte ich eine Kinderstimme sagen.

Und die Stimme der Mutter: «Pscht, lass die in Ruhe, komm schnell weg.»

In der Gasse gab es zum Glück keine Autos mehr. Leider war auch Lola verschwunden. Ich rannte noch schneller, bestimmt brach ich einen Weltrekord. Doch vergeblich, weit und breit keine Lola. Auch auf dem Platz mit der Kirche, der irgendwann auftauchte, war sie nicht. Verzweifelt blieb ich stehen. Der Hund war weg. Ich hatte ihn verloren. Aber nicht nur das. Im Eifer hatte ich nicht gemerkt, wohin ich gerannt war. Und nun hatte ich mich verlaufen. Außerdem hatte ich Hunger. Wie viel Uhr es sein mochte? Irgendwie war ich mir sicher, dass die halbe Stunde längst vorbei war. Wenn ich doch nur die Zeit von der großen Turmuhr ablesen könnte, die direkt vor mir stand. Aber ich konnte es nicht. Mistmistmist. Es ist zum *Zerweifeln*. Sobald ich die runde Scheibe mit den Zahlen sehe, bekomme ich im Kopf ein riesiges Kuddelmuddel.

Frau Morgenstern sagt: «Es ist doch ganz einfach, Yeshi, eine Viertelstunde ist so groß wie ein Pizzastück.»

Aber die Pizzastücke meiner Mama haben die Form einer Schuhschachtel. Nun versucht mal, eine runde Stunde in schuhschachtelgroße Pizzastücke einzuteilen. Bei mir kommen Sachen raus wie *eine halbe Schachtel nach vier*. Oder *mehr als eine Schachtel vor sieben*. Das findet Frau Morgenstern nicht lustig. Und Mama auch nicht. Nur Papa muss lachen. Und sagt, er wünscht sich zu Weihnachten eine Uhr mit einem Schuhschachtelzeiger. Bloß weiß ich nicht, ob das in London auch gilt. Denn da ist die Zeit anders, immer eine Stunde weniger als wir. Das in Schuhschachteln umzurechnen, habe ich bis jetzt nicht geschafft.

Langsam ging ich zurück. Meine Füße waren so kalt wie das Kopfsteinpflaster. Die Leute gingen an mir vorbei. Alle hatten es eilig. Wenn ich doch nur Mamas Handynummer wüsste. Oh je, oh je.

In solchen Situationen denke ich manchmal an meine Bauchmama in Afrika. Die ich nie gekannt habe und die ich auch nie kennen werde. Ich blieb stehen und kniff die Augen zusammen. Bitte, bitte, liebe Bauchmama, hilf mir! Als ich die Augen wieder aufmachte, entdeckte ich in einem Schaufenster neben einem Schild mit der Aufschrift *Aktion* meine pfefferminzgrünen Turnschuhe mit den hellbraunen Schmetterlingen und den violetten Schnürsenkeln. Sie sahen aus wie fröhliche Papageien unter lauter Amseln. YES! Ich hatte sie gefunden, nun würde alles gut. Da trat ein Mädchen mit einem Piercing in der Lippe aus der Tür des Schuhladens und begann, ein Rollgitter hinunterzulassen.

«Entschuldigung», sagte ich. Weiter kam ich nicht. Denn in diesem Moment schoss Lola aus einer Seitengasse, eine riesige Wurst in der Schnauze.

«Hey du frecher Hund, gib mir das zurück!», erklang eine Stimme. «Haltet den Wurstdieb! Sonst rufe ich die Polizei.»

Oh nein, auf gar keinen Fall. Ich packte Lola am Nacken und machte einen Riesensprung in Richtung Laden. Fast wäre mir das Gitter auf den Kopf gedonnert, nur ganz knapp konnte das Piercing-Mädchen den Motor anhalten.

«Spinnst du?», sagte sie. «Das ist gefährlich.»

«Entschuldigung», sagte ich und schob mich an ihr vorbei in den Laden, aus dem laute Musik erklang. «Es ist ein Notfall. Ein Mann verfolgt uns. Er mag keine Möpse.» Ich musste sehr laut reden, um die Musik zu übertönen.

Das Piercing-Mädchen schloss die Tür hinter uns und musterte Lola, die gerade sehr zufrieden ihre Schnauze ableckte.

«Der ist doch süß. Ist das deiner?»

«Er ist eine Sie. Sie gehört einer Oma. Aber sie hat das Halsband verloren.»

«Und du deine Schuhe?»

Schnell holte ich die Flipflops aus dem Rucksack.

«Nein, nein, ich habe welche dabei, siehst du? Aber die sind nicht so *paktisch*.»

«Du meinst praktisch?»

Was auch immer. «Darin kann man nicht laufen. Turnschuhe wären besser», sagte ich.

Das Piercing-Mädchen wippte im Takt der Musik.

«Da bist du an der richtigen Adresse.» Als sie um sich zeigte, kam unter ihrem Ärmel ein Tattoo zum Vorschein. «Wir sind ein Turnschuhladen.»

«Die gefallen mir.» Ich trat zum Schaufenster und zeigte auf das pfefferminzgrüne Modell. «Meine absoluten Lieblingsschuhe.»

Nun grinste das Piercing-Mädchen und drehte die Musik leiser.

«Meine auch. Aber meine Chefin findet sie nicht cool. Sie war stinksauer auf mich, als ich das Modell bestellt habe.»

«Das ist mir egal, ich nehme sie.» Ich begann, in meiner Hosentasche nach dem Fünffrankenstück zu suchen.

Da schüttelte das Piercing-Mädchen den Kopf.

«Sorry. Wir haben geschlossen, da läuft nichts mehr. Meine Chefin würde schimpfen.»

«Ist sie streng?»

Ich sah mich vorsichtig um.

«Easy», sagte das Piercing-Mädchen. «Sie musste früher weg. Ein wichtiger Termin.»

Termine, das kenne ich gut. Mama hat viele Termine.

«Also ist sie nicht da?», sagte ich.

«Nein. Sonst gäbe es hier drin auch keine Musik. Geht nur, wenn sie weg ist.»

«Dann kannst du doch machen, was du willst», sagte ich.

«Du bist aber störrisch», antwortete das Mädchen.

Ich nickte.

«Mein Kopf ist steinfelsbetonhart. Wenns sein muss. Verkaufst du sie mir jetzt?»

«Geht nicht. Meine Chefin hat die Kasse mitgenommen.»

Blöd. Ratlos starrte ich das Piercing-Mädchen an und schluckte den Kloß im Hals hinunter.

«Warum brauchst du denn die Schuhe unbedingt heute Abend?», fragte sie nach einer Weile.

«Weil ich ...» Ich klappte den Mund wieder zu. Es war so kompliziert. Der Umzug in die Stadt, der Schuh im Klo, die fiese Doro, der Zahnfletsch-Gian, die Krokodilmädels, Tulu und Tigist, Lola-Mops ... das hing doch alles mit den Turnschuhen zusammen. Wie konnte ich ihr das erklären? *Konzertier dich, Yeshi!*

«Die Turnschuhe sind ein Geschenk für meine beste Freundin. Und sie hat morgen Geburtstag.»

Ups. Da hatte ich geschwindelt, nein, noch schlimmer, gelogen. Mir wurde ganz schlecht. Das Piercing-Mädchen aber begann zu strahlen.

«Deine Freundin hat morgen Geburtstag? So ein Zufall. Meine auch.»

Sie holte einen Zettel aus der Tasche ihrer hautengen Hose.

«Schau mal, das schenk ich ihr.»

Es war eine Zeichnung von einem kleinen Seehund. Es sah süß aus.

«Aha», sagte ich. «Ist deine Freundin ein Kind?»

Da musste das Piercing-Mädchen sehr lachen.

«Nein. Das ist die Vorlage für ein Tattoo. Meine Freundin lässt sich eines stechen, in meinem Lieblings-Tattoo-Shop.»

Ein Tattoo? Das interessierte mich nun brennend. Am liebsten hätte ich auch eines, aber als ich es mal erwähnt hatte, war Mama ausgeflippt. «*Absolutgarniemalsnie*.» Und sogar Papa hatte ein bedenkliches Gesicht gemacht.

«So wie deins?», fragte ich und zeigte auf das Tattoo, das sich über ihren Unterarm zog.

«Hm», nickte sie. «So ähnlich. Das ist eine Laute. Ich habe noch eines.»

Sie drehte ihren Kopf mit den kurzen braunen Haaren. Hinter dem Ohr war eine Mini-Laute eintätowiert.

«Ich heiße Mo und bin Musikerin. Das hier ist nur ein Job.»

Nur ein Job. Ich verstand nicht genau, was sie damit meinte. Ob Papa und Mama auch einen Nur-Job hatten?

Mo faltete den Zettel wieder zusammen.

«Was machen wir denn nun mit den Schuhen?» Sie überlegte. «Wir wissen ja nicht mal, ob sie deiner Freundin passen würden.»

«Sie hat dieselbe Größe wie ich», sagte ich schnell. «Sechsunddreißig. Ich könnte sie ja einfach mitnehmen. Und morgen bezahlen.»

Mo sah das nicht so.

«Nein. Das geht nicht. Da würde meine Chefin ausrasten. Ich kann sie höchstens für dich reservieren.»

Reservieren, noch so ein Wort. Was ich heute alles dazulernte.

«Super.»

Schon griff ich in die Auslage. Mo packte mich.

«Stopp. Du kommst morgen früh um neun vorbei, gleich wenn der Laden öffnet. Hast du eine Anzahlung für mich?»

Nachdem sie mir erklärt hatte, was damit gemeint war, gab ich ihr schweren Herzens das Fünffrankenstück. Dafür schenkte sie mir drei Schnürsenkel, als Ersatzleine für Lola. Das fand ich nett von ihr.

«Du, Mo, was kosten denn die Turnschuhe?»

«Fünfundvierzig Franken. Das ist sehr billig, Aktion.»

# Im Dunkeln am See

Eigentlich wäre ich lieber mit der violetten Straßenbahn gefahren. Aber ohne die fünf Franken konnte ich mir keine Fahrkarte kaufen. Stellt euch vor, die Froschfrau würde mich nochmals kontrollieren. Nein, da ging ich lieber zu Fuß über den Uferweg bis zur Badeanstalt und von da aus kannte ich den Heimweg. Außerdem war Lola-Mops bei mir, so fühlte ich mich nicht allein.

Obwohl es dunkel und kalt war, saßen viele Leute auf einer großen Wiese. Drei Jungen und ein Mädchen hatten sogar ein Feuer gemacht. Sie hörten Musik und wippten im Takt um den Grillrost herum, auf dem ein paar Würstchen lagen. Ich wollte schnell vorbeigehen, aber Lola zog und zerrte. Sie hatte wohl immer noch Hunger. «Hey schau dir mal die Kleine an», sagte der eine Junge, als ich vorbeiging.

«Wieso?», sagte das Mädchen.

«Geht ganz alleine, um diese Zeit? Findet ihr das nicht schräg?»

«Hat wahrscheinlich Scheiß-Eltern», sagte der andere Junge.

«Die ist schwarz, siehst du das nicht? Das ist bestimmt ein Flüchtlingsmädchen.»

Ich zuckte zusammen und blieb stehen. Schon wieder dieses Wort. Tigist war doch ein Flüchtlingsmädchen. Sie konnte nicht mehr in Äthiopien leben, weil sie da kein Essen hatten für die ganze Familie. Und weil es gefährlich war. Darum wohnte sie in dem bunten Puppenhaus. Weil es hier viel mehr Essen gibt. Und eine Schule für Tigist und ihre Schwestern. Und weil es sicher ist. Trotzdem war Tigist fremd hier. Aber ich war doch nicht fremd. Ich wohnte bei meiner Mama oder bei meinem Papa. Warum sagen dann die Leute, ich bin ein Flüchtling? Plötzlich hatte ich große Sehnsucht nach meinen Eltern.

«Was ist denn mit dir, Kleine?»

Das Mädchen und die drei Jungen kamen näher.

«Ich geh mit meinem Hund spazieren, das seht ihr doch», sagte ich. «Meine Mama ist gleich da vorne.»

Ich zeigte in die Richtung, wo ich die Badeanstalt vermutete.

«Die spricht ja Schweizerdeutsch», staunte einer der Jungen.

«Na, du doch auch», gab ich zurück.

«Schon, aber ...»

Gleich würde mein Grummelbauch explodieren.

«Ja?»

Ich starrte ihn an. Mit meinem Funkelblick.

«Ich bin ja auch von hier», sagte er lahm und trat einen Schritt zurück.

Da boxte ihn das Mädchen in die Seite.

«Aber deine Eltern nicht, du Loser. Die sind aus Serbien.»

«Ja, und? Ich bin hier geboren.»

«Na, die Kleine wahrscheinlich auch.»

Nun schwenkten die Köpfe wieder zu mir. Ich nickte dem Mädchen zu.

«Ich bin hergekommen, als ich drei Monate alt war.»

«Und deine Eltern?»

«Ich bin *abotiert*.»

«Abo-was?», fragte der eine.

«Sie meint adoptiert.»

«Was ist adoptiert?», fragte der andere.

«Ihre Eltern sind nicht ihre richtigen Eltern.»

«Doch», explodierte ich. «Meine Mama ist meine Herzmama und mein Papa ist mein Herzpapa. Die haben mich ausgesucht. Deine mussten dich einfach nehmen, du Blödmann!»

Das saß. Der Junge klappte den Mund zu.

Das Mädchen lächelte mich an.

«Magst du eine Wurst?»

Mir lief das Wasser im Mund zusammen. Sehnsüchtig starrte ich auf den Grill.

«Willst du vielleicht deiner Herzmama schnell Bescheid geben?»

Nein. Ich hatte keine Zeit zum Essen.

«Ein anderes Mal. Seid ihr immer hier?»

Da ging das Mädchen zum Grill und wickelte eine Wurst in eine Serviette.

«Du hast doch Hunger. Für unterwegs.»

Die war aber nett. Ich erfuhr, dass sie Zoe hieß und auch noch zur Schule ging, genau wie ich. Ich winkte ihr und den Jungs zu und ging weiter. Die Wurst behielt ich in der Hand, irgendwie grummelte mein Bauch zu sehr, ich brachte einfach keinen Bissen hinunter. Und meine Füße wurden immer kälter und immer müder. Ich war bestimmt schon hundert Kilometer gegangen.

Endlich erreichte ich die Badeanstalt. Aber das Tor, das tagsüber offen stand, war nun geschlossen. Und weit und breit kein Mensch. Mist. Ich spähte durch den Zaun. Wann war ich mit Mama hier gewesen? Am Nachmittag? Es kam mir vor, als sei es viele Tage her.

Plötzlich hatte ich eine *glitzerluftige* Superidee. Schnell rannte ich zum Ständer vor dem Eingang. Tatsächlich, mein Fahrrad stand als Einziges noch da. Vermutlich hatte Mama es dagelassen und war heimgeradelt, um in der Wohnung auf mich zu warten. Ich gab Lola die Wurst und band sie fest.

«Schön aufpassen, ich bin gleich wieder hier.»

Dann rannte ich zum Tor. Einmal hüpfen, ein wenig klettern, oben drüberschwingen, hinunterspringen ... schon stand ich auf der anderen Seite. Schnell lief ich zum Ufer. Da war ich ins Wasser gesprungen, da war Tulu davongewackelt und da hatte Sitina meiner Mama den bösen Blick zugeworfen. Und da lag auch noch unser Tuch. Und daneben der Korb. Zur Abwechslung war Mama eine Liederlise gewesen und hatte alles liegengelassen.

Kurze Zeit später strampelte ich den Berg hoch. Das Fahrradschloss hatte ich mit dem Bügel von Tigists

Ohrring aufgebrochen, ein Trick, den mir Papa mal gezeigt hatte. Auf den Rücksitz geklemmt war Mamas Korb und darin saß Lola-Mops und blinzelte fröhlich in die Nacht hinaus. Als ich in unsere Straße einbog, hätte ich jubeln können vor Freude. Allerdings nur bis ich das Polizeiauto bemerkte, das mit blinkendem Blaulicht vor der Haustür parkte. Ich sah nach oben. Die ganze Wohnung war hell erleuchtet. Ich sah deutlich Mamas Silhouette am Küchenfenster.

«Hallo, Mama, hier bin ich», wollte ich schreien.

Aber der Satz blieb mir im Hals stecken. Denn neben Mama tauchte ein Mann im Anzug und mit einem Bart auf. Er sah sehr streng aus, es musste ein Polizist sein. Und eine Frau mit einem Cap auf dem Kopf, bestimmt eine Polizistin. Und dahinter ... der Zahnfletsch-Gian. OH NEIN. Die hatten sich nicht nur versammelt, um mir eine Strafpredigt zu halten. Mama alles zu erklären, das konnte ich mir irgendwie vorstellen, aber doch nicht diesen fremden Leuten. Vielleicht würden die mich in ein Flugzeug stecken und nach Äthiopien zurückschicken, so, wie Tigist das erzählt hatte. Mein Bauch grummelte, mein Herz flatterte und mein Tanzfuß zuckte. Alles gleichzeitig. Das ist selten, das kann ich euch sagen.

Darum drehte ich um und radelte davon, so schnell ich konnte. Aber wohin? Wir kannten hier noch niemanden. Ob ich direkt zum Flughafen fahren sollte? Vielleicht konnte ich da warten, bis übermorgen mein Flieger nach London ging. Ich wusste allerdings, dass man einen Pass zeigen musste, bevor man ins Flugzeug stieg. Und ein Ticket hatte ich auch nicht. Nein, das war keine Lösung.

Und so radelte ich zum Schulhaus. Steil ragte es vor mir in den Nachthimmel. Es war mir sehr fremd. Und doch war es das einzige Zuhause, das ich im Moment hatte.

# Der Turnhallengeist

Ich stand vor dem Schlüssel-Kasten. Wenn mir doch nur eine *glitzerluftige* Zauberfee flüstern würde, welchen Code der Brummelbär Madovic eingegeben hatte.

«Abrakadabra!»

Ich versuchte es. Einmal. Zweimal. Mist. Es ging nicht. Jedes Mal blinkte das kleine Licht feuerrot anstatt neongrün. *Konzertier dich, Yeshi!* Ich kniff die Augen zusammen. Atmete tief ein. Stellte mir den Zeigefinger des Hausmeisters ganz genau vor, bis ich sogar den Schmutz unter dem Nagel sah. Und den öligen Fleck auf der Haut. Sah, wie der Finger sich bewegte, ein richtiges Tastenballett. Erst oben links, dann unten rechts. Und schließlich in der Mitte. 1, 9, 5.

«Probieren geht über Studieren, mein Yeshi-Mädchen», hörte ich Papa flüstern.

Ich tippte die Zahlen der Reihe nach ein.

YES! Der Knopf leuchtete grün auf und der Kasten sprang auf. Aber was für eine Enttäuschung. Er war leer, der Schlüssel hing nicht am Haken. Herr Madovic hatte ihn nicht aufgehängt. Er war eine schlimme Liederlise und mein Plan leider schiefgegangen. Wo sollte ich denn nun schlafen? Auf einer Bank im Freien? Unter der Brücke am See, wo Mama und ich einmal eine Frau gesehen hatten, in Pullis und einen Mantel gehüllt? Eine

Obdachlose, hatte Mama erklärt. Das Wort hatte ich mir ganz genau gemerkt. Sie hat kein Obdach, das ihr gehört. Ich hatte sie zu uns einladen wollen, aber auch das hatte Mama mir erklärt. Unser Obdach reichte gerade für sie und für mich, da war kein Platz für die Frau. Dafür gab es eine Notschlafstelle. Da könnte ich auch hin, dachte ich, leider hatte ich keine Ahnung, wo das war. Am allerliebsten würde ich mich in mein warmes Bett kuscheln. Aber nach Hause konnte ich erst, wenn die Polizistin, der Polizist und der Zahnfletsch-Gian wieder weg waren. Und ich Mama die ganze Geschichte in Ruhe erzählen konnte. Da begann Lola-Mops auf meinem Arm zu hibbeln.

«Jaja, ich weiß schon, du willst runter.»

Als ich den Hund auf den Boden stellte, rutschte mir die Schnürsenkelleine aus den Fingern. Blitzschnell schoss Lola-Mops davon, geradewegs auf die Turnhallentür zu und bellte wie verrückt. Mist. Wenn das jemand hörte!

«Pscht, Lola, spinnst du!»

Doch Lola sprang bellend rauf und runter, ich zog an der Leine, die riss, ich strauchelte, stützte mich auf der Türklinke ab ... und die Türe ging auf. WAS? Sie war nicht verschlossen, darum hing auch kein Schlüssel im Kasten, Herr Madovic musste es vergessen haben.

Mit einem Jaulen schoss Lola-Mops zwischen meinen Beinen hindurch und verschwand im Innern der Turnhalle.

«Lola», schrie ich. «Bleib hier!»

Der Hund war weg. Ganz allein stand ich im Eingang. Es war still, es war kalt und es war dunkel. Mein Herz flatterte wie verrückt. Hab ich euch schon gesagt, dass ich im Dunkeln ganz schön viel Angst habe? Papa hatte im Flur der alten Wohnung eine Lichterkette montiert, die bis zu meinem Zimmer führte und die ganze Nacht brannte. Die Kette lag immer noch in einem Umzugskarton. Mama war nicht dazugekommen, sie auszupacken. Außerdem war unsere neue Wohnung so klein, dass der Lichtstrahl von der Wohnküche bis zu meinem Zimmer reichte. Und ehrlich gesagt, habe ich noch gar nie eine ganze Nacht in meinem Bett geschlafen, lieber schlüpfe ich bei Mama unter die Decke. Da ist es warm und wohlig, mein Bauch grummelt nicht und mein Flatterherz gibt Ruhe.

Aber das nützte mir jetzt alles nichts. Wenn ich Lola-Mops wiederfinden wollte, musste ich in die Turnhalle, die nachts so ganz anders aussah als am Tag. Zaghaft setzte ich einen Fuß vor den anderen, ich tastete mich vorwärts und versuchte, mich zu erinnern, wo alles war. Der Schrank, in dem Frau Morgenstern die Bälle verstaute, war ein rechteckiger Riese, der einen Arm in die Luft streckte und mich gleich packen würde. Hinter dem zusammengeklappten Trampolin versteckte sich ein Gespenst. Und der Wagen mit den Turnmatten war eine Geisterbahn. Vorsichtig linste ich in die Mädchengarderobe.

«Lola?», rief ich leise.

Nichts.

Auch bei den Jungs war sie nicht. Nun konnte sie nur noch im Klo sein. Da, wo die Kinder meinen Schuh versenkt hatten.

«Lola?»

Langsam öffnete ich die Tür. Dann schrie ich.

# Die fiese Doro

Vor mir stand ein Gespenst. Und schrie genauso laut wie ich. Das Gesicht war skelettweiß, die Zähne ohrenschmalzgelb, die Augen glommen krötengrün in den dunklen Höhlen. Und es trug eine signalrote Strickmütze.

«Die Glibberschlabberqualle!»

«Die Kackbohne!»

«Was machst du hier?»

«Was machst DU hier?»

Das Gespenst war die fiese Doro, die mit ihrer Handytaschenlampe durch die Gegend fuchtelte. Hinter ihrem Rücken kam Lola-Mops hervorgeschossen.

«Fuß, Lola», sagte ich. Sie pflanzte sich vor mir auf den Boden und wedelte. Im Maul hatte sie schon wieder eine Wurst.

«Ist das dein Hund?», fragte Doro. Und das Glimmen in ihren Augen verstärkte sich.

«Sozusagen», antwortete ich und wartete darauf, dass mein Bauch grummelte, wie sonst auch, wenn ich schwindelte.

«Er ist eine Sie. Und heißt Lola.»

«Ich hätte auch gern so einen», sagte Doro und streichelte Lola über die Falten am Hals.

Komisch. Dass Doro und ich eine Gemeinsamkeit hatten, hätte ich nicht gedacht.

«Hat Lola dir die Wurst geklaut?», fragte ich.

«Die war noch in meinem Schulranzen, von der Pause. Ich hätte sie sowieso nicht mehr gegessen», sagte Doro. «Ein süßer Hund. Mein Paps erlaubt mir kein Haustier», fügte sie hinzu.

«Ist er streng, dein Paps?»

Sie zuckte mit den Schultern. «Er ist fast nie zu Hause. Ich bin meist allein.»

«Dann hast du also keine Angst hier, mitten in der Nacht?»

«Nö. Und du?»

Sicher würde ich der Glibberschlabberqualle nichts davon sagen, dass ich fast in die Hose gepinkelt hätte vor Angst.

«Ich find's voll cool.»

«Du hast ja auch einen Hund.»

Wir schauten beide zu Lola, die es sich auf meinen Füßen gemütlich gemacht hatte.

«Jetzt sag schon, was machst du hier?»

«Jetzt sag schon, was machst du hier?»

Das hatten wir gleichzeitig gesagt.

Die fiese Doro richtete ihre Glitzeraugen auf mich. Aha, sie wollte das In-die-Augen-starr-Spiel machen. Das war keine gute Idee, niemand schlägt meinen Funkelblick.

Wir starrten und starrten, bis Doro zwinkerte.

«Gewonnen!», sagte ich. «Raus damit. Was machst du hier?»

«Ich bin geflüchtet.»

Geflüchtet? Sitina war geflüchtet, Tulu und Tigist. Aber doch nicht Doro.

«Wovor bist du denn geflüchtet?»

«Sonst bekomme ich eine Strafe.»

Was für eine Strafe? Wenn jemand eine Strafe bekam, dann war ich das.

«Warum?»

«Weißt du das nicht?», fragte Doro erstaunt. «Warst du nicht bei dir zu Hause?»

«Ich habe mich nicht reingetraut», gab ich zu. «Wegen des Polizeiautos vor der Tür.»

Da nickte Doro so heftig, dass ihr fast die Mütze vom Kopf flog.

«Du wirst gesucht!»

«Ich?»

«Jap.»

«Die Polizei sucht mich?»

«Jap.»

OH NEIN. Die Froschfrau hatte mich verpetzt, weil ich keine Fahrkarte hatte. Meine schlimmsten Befürchtungen trafen ein, sie würden mich ins Flugzeug stecken und wegschicken.

«Aber ich habe es gar nicht absichtlich gemacht», sagte ich. «Dass ich *schwarz gefahren* bin.»

«Schwarz?» Doro spuckte das Wort aus wie eine Glibberschlabberqualle. «Wieso sagst ausgerechnet du so einen Blödsinn?»

«Das hat die Froschfrau in der Straßenbahn gesagt. Ohne Fahrkarte fährt man *schwarz*.»

«Eine Kontrolleurin hat so was gesagt? Aber es ist vollkrass rassistisch.»

«Was?» Vor lauter Erstaunen begann ich zu hüpfen, während Lola-Mops bellte. «Seit wann weißt du denn, was rassistisch ist?»

«Das hat mir Paps erklärt.»

Einen klugen Paps hatte Doro, die gar nicht mehr so fies war.

«Ruf auf der Stelle deine Mama an und sag ihr, was los ist», übertönte Doro Lola-Mops und hielt mir ihr Handy hin.

«Wieso?»

«Dann kannst du ihr sagen, dass du nicht wegen der pfefferminzgrünen Turnschuhe ...»

«Es geht nicht», unterbrach ich sie und fühlte mich sehr klein. «Ich weiß die Nummer nicht auswendig.»

«Du kannst die Handynummer deiner Mutter nicht auswendig? Wie blöd bist du denn?», schrie Doro mich an. «Es ist lebenswichtig. Die denken, du bist abgehauen. Und ich wäre schuld daran.»

«Du?», fragte ich. War Doro plötzlich plemplem? «Was hast du denn damit zu tun?»

«Weil ich deine Turnschuhe geklaut habe.»

«Deswegen würde ich doch nicht abhauen.»

«Das denken die aber.»

«Dass die Erwachsenen immer so ein Theater veranstalten müssen. Ich war doch bloß eine halbe Stunde unterwegs.»

Ich erzählte Doro die ganze Geschichte. Von Tulu, von Tigist, vom Käppi-Chauffeur, von der Froschfrau.

«Das hast du alles erlebt? In einer halben Stunde?», staunte Doro.

Musste sie darauf herumhacken?

«Vielleicht war es ein bisschen mehr», gab ich zu.

«Ein bisschen mehr? Weißt du, wie viel Uhr es jetzt ist?»

«Eine Schuhschachtel vor sieben?», fragte ich.

«Es ist nach Mitternacht.»

Mitternacht? Das war doch die Geisterstunde.

«Du bist seit drei Uhr nachmittags verschwunden, seit mehr als neun Stunden», sagte Doro. «Das haben die Erwachsenen dauernd gesagt. ‹Es muss was passiert sein, ein Kind so lange allein unterwegs, da muss was passiert sein›, haben sie gesagt.»

Oje, oje, oje. Da hatte ich ein Riesenproblem. Einen Moment lang schwiegen wir beide. Auch Lola-Mops' Gebell verstummte. Sie schaute von mir zu Doro und zurück.

Grrrrr!

Doro zuckte zusammen.

«Was war das?»

Grrrr!

«Ein Gespenst», flüsterte Doro. «Es ist ganz nah.» Sie rannte davon. «Ich verschwinde.»

«Keine Angst, Doro», rief ich ihr hinterher. «Das ist nur mein Bauch. Manchmal explodiert er, manchmal flattert er davon und manchmal grummelt er einfach.»

Grrrr!

Und plötzlich, ich weiß gar nicht wieso, mussten wir ganz fürchterlich lachen. Wir lachten und lachten, wir ließen uns auf die Turnmatten fallen und kringelten uns vor Lachen, während Lola-Mops voller Begeisterung um uns herumsprang und kläffte. Bis wir alle drei nicht mehr konnten.

«Was machen wir jetzt?», japste Doro. «Wir müssen zu dir nach Hause und den Erwachsenen alles erklären.»

«Und dann bekommst DU eine dicke fette Strafe, Glibberschlabberqualle», sagte ich.

«DU aber auch, Kackbohne», sagte Doro.

Wo sie recht hatte, hatte sie recht. Und plötzlich ...

«Wo hast du eigentlich meinen Turnschuh versteckt?», sagte ich und stand auf.

«Na, im Klo, das weißt du ja.»

«Ich meine den anderen.» Ich wurde ganz aufgeregt. «Wenn wir die beiden pfefferminzgrünen Turnschuhe haben, dann können wir es beweisen.»

Doro verstand nicht, was ich vorhatte.

«Was willst du denn beweisen?»

«Na, dass du nicht schuld bist und dass ich nicht abgehauen bin.» Ich grinste. «Zwei Fliegen mit einer Klappe.»

Das sagt meine Mama immer, wenn wir etwas hinkriegen, was uns beiden gefällt.

Plötzlich strahlte auch Doro.

«Gute Idee, Yeshi!»

«Nein. Das ist eine *glitzerluftige* Superidee, Doro!», gab ich zur Antwort. «Sag, wo ist der Schuh?»

«Im Korb mit den verlorenen Sachen.»

Wie auf Kommando rannten wir zusammen in Richtung Eingang. Als wir um die Ecke bogen, blieb ich bocksteif stehen, sodass Doro und Lola-Mops in mich hineinprallten. Herr Madovic stand draußen vor der Glastür und holte gerade einen Schlüssel aus seiner Jackentasche, im Licht der Lampe war er deutlich zu sehen. OH NEIN. Gleich würde er uns entdecken. Wenn ich mir vorstellte, wie er uns am Wickel packte und zu Mama heimbrachte ...

«Komm», flüsterte ich und zog Doro rückwärts. «Auf dem Klo ist doch ein Fenster. Da klettern wir hinaus.»

In diesem Moment hörten wir, wie die Türe aufgerissen wurde und Herr Madovic den Flur betrat.

# Geigen-Lian

Ich rannte voraus, hinter mir kam Doro, am Schluss hechelte Lola-Mops. Sie hatte eindeutig zu viele Würste gefressen.

«Yeshi, halt, Lola kann nicht mehr», jammerte Doro.

«Du meinst, du kannst nicht mehr», sagte ich.

«Du rennst ja auch so schnell wie eine Rakete!», sagte sie, und ich war mir fast sicher, dass aus ihrer Stimme Bewunderung klang. Nachdem wir uns im letzten Moment aus dem kleinen Fenster gequetscht hatten und dem schimpfenden Herrn Madovic entkommen waren, standen wir mitten in einem Villenviertel.

«Denkst du wirklich, dass wir hier richtig sind?»

«Klar», sagte ich und ging auf das letzte Haus in der Straße zu. Es war ganz still. Kein Auto, kein Käuzchen, kein Vogel, nichts war zu hören. Nur der Mond stand am Himmel und in seinem bleichen Licht war deutlich zu sehen, dass das Haus das größte und das schönste war.

«Wow!», staunte Doro.

So war es mir auch ergangen, als ich Lians Elternhaus das erste Mal gesehen hatte. Ich hatte ihn nämlich einmal nach Hause begleitet.

«Komm.»

Leider war das Tor zu. Daneben befand sich auch ein Schlüsselkasten wie vor der Turnhalle.

«Da muss man einen Code eingeben», sagte ich und tippte die Zahlenkombination ein, die mir eben Glück gebracht hatte.

«Angeberin», sagte Doro.

Mir war's egal. Aber nur so lange, bis das Lämpchen rot aufleuchtete. Als ich erneut lostippte, umklammerte Doro meine Hand.

«Du hast höchstens drei Versuche, bis die Alarmanlage losgeht.»

«Dann probiere ich es einfach noch mal», sagte ich.

«Probieren?», zischte Doro. «Das schaffst du nur mit Kombinieren. Und auch nur, wenn man die Bewohner genau kennt, wenn man weiß, ob Doppelziffern gelten, ob die Null mit einbezogen wird, wenn die Reihenfolge keine Rolle spielt ...» Doro hielt inne.

Wow. Sie verstand aber viel von Zahlen.

«Und was heißt das alles?», fragte ich nach.

Doro überlegte.

«Wir lassen es bleiben», sagte sie schließlich. «Das finden wir nie raus.»

Aufgeben? Doro kannte meinen steinfelsbetonharten Kopf noch nicht.

«Dann müssen wir halt klettern», grinste ich.

Hatte ich heute ja schon einige Male gemacht. Ich schlich dem Zaun entlang, bis ich eine Stelle mit einem Baum fand. Da würde es ganz leicht sein. Für mich und meinen Tanzfuß auf jeden Fall. Doro hingegen blieb einfach auf der anderen Seite stehen.

«Geh du allein, ich passe auf Lola-Mops auf», flüsterte sie mir durch den Zaun zu.

Komisch. Nun fiel mir auch ein, dass Doro im Turnen bei gewissen Sachen nicht mitmachte. Ob sie irgendetwas hatte?

«Was ist, Kackbohne? Mach schon!», fauchte sie.

Ups. Dann halt.

Ich schlich mich durch den Garten, bis ich im ersten Stock des Hauses Lians Fenster sah. Ich hob einen Kieselstein auf. Hab ich schon gesagt, dass ich keine gute Werferin bin? Auf jeden Fall traf ich die Mauer und nicht die Scheibe. Auch der nächste Versuch ging schief.

«Moment», flüsterte Doro durch den Zaun. Schon zischte ein Stein durch die Luft und landete genau auf dem Fensterrahmen.

Pling.

Noch ein Versuch.

Pling.

Beim dritten Mal klappte es. Das Fenster wurde geöffnet und Lians erstauntes Gesicht erschien.

«Yeshi? Was machst du denn hier?»

«Pscht!» Ich deutete auf Lola-Mops, die vor dem Zaun auf und ab hüpfte. «Der bellt gleich los. Kannst du runterkommen? Und Doro in den Garten lassen.»

«Doro?» Lian begann sich zu kratzen. «Wieso stehst du mit Doro und einem Hund mitten in der Nacht vor unserem Haus?»

«Das ist kompliziert.»

Gleich darauf zog ich den sich sträubenden Lola-Mops hinter Lian her. Offenbar dachte der Hund, Lians gestreifter Tiger-Pyjama mit Kapuze samt Öhrchen sei eine Bedrohung.

«Komm jetzt, Lola», flüsterte ich ihr zu und hielt ihr das einzig Essbare vor die Schnauze, das ich noch hatte: den schwarzen Kaugummi. Als wir den hinteren Teil des Gartens erreichten, gelangten wir zu einem Tipi.

«Anstelle eines Baumhauses, das wollten meine Eltern nicht», sagte Lian.

Dann hob er eine Plane und ließ uns hinein. Nachdem Lian die Tigerkapuze abgenommen und Lola mit einem Keks bestochen hatte, erzählte ich die ganze Geschichte. Als ich fertig war, blieb Lian der Mund offen stehen, er vergaß sogar, sich am Arm zu kratzen.

«Hab ich das richtig verstanden? Yeshi ist nicht abgehauen, Doro ist wohl abgehauen, und als Beweis, dass ihr beide nicht schuld seid, braucht ihr die grünen Turnschuhe.»

«Die pfefferminzgrünen», nickte Doro.

«Jetzt fehlt uns nur noch das Geld, um sie zu bezahlen», ergänzte ich und kuschelte meine erfrorenen Füße noch tiefer ins Schaffell, auf dem wir zu dritt saßen.

«Das ist ja ein richtiges Abenteuer.»

«Yeshi-Style», sagte ich. «Ich weiß auch nicht, warum mir immer so was passiert. Da will ich baden gehen und plötzlich sitze ich mitten in der Nacht in einem Zelt und trinke Tee.»

Das taten wir nämlich, in Lians Zelt gab es neben den Keksen eine Taschenlampe, Tee und ein ganzes Regal voller Kinderbücher. Ich kenne keinen einzigen Jungen, der freiwillig liest, Lian war wirklich eine Ausnahme. Und so, wie es aussah, hatte er genau meinen Geschmack.

«Darf ich mir mal eines ausleihen?», fragte ich. «Meine sind immer noch in einem Umzugskarton. Zum Beispiel *Cat Cat*?»

«Kannst du damit aufhören?», unterbrach mich Doro. «Wir müssen uns konzentrieren.»

War sie meine Mama? Aber wo sie recht hatte ...

«Also, wie ist es, kannst du uns das Geld für die Turnschuhe leihen?», sagte ich zu Lian.

«Ich?»

«Ja, du.»

«Wieso ich?»

Ja, wieso denn? Eben, als ich mit Doro den Plan ausgeheckt hatte, hatte alles ganz logisch geklungen.

«Weil ... du reich bist», sagte Doro.

«Ich bin nicht reich. Mein Vater ist reich.»

«Aber du hast doch bestimmt ein super Taschengeld.»

Lian schüttelte den Kopf.

«Nein.»

«Echt nicht?»

Doro zweifelte und ich glaubte es auch nicht. Ich meine, hallo, Lians Villa war bestimmt hundertmal so groß wie das ganze Puppenhaus von Tigist, Tulu, Hawi und den anderen.

«Meine Eltern wollen, dass ich den Umgang mit Geld lerne. Wenn ich etwas möchte, muss ich einen Antrag stellen. Dann diskutieren sie darüber und entscheiden, ob sie es okay finden. Danach überweisen sie den Betrag auf mein Konto.»

«Du hast keine Sparbüchse?»

«Doch. Eine imaginäre.»

Wieder so ein hässliches Wort, das ich nicht verstand.

«Dann zeig sie her.»

«Nein, Yeshi, das geht nicht, die ist nur virtuell.»

«Es ist keine Büchse», erklärte Doro, «es ist ein Konto.»

Aber wie sollte er so den Umgang mit Geld lernen? Ich dachte an die alte Blechdose, in der meine Oma Knöpfe aufbewahrt hatte und wo normalerweise meine Münzen lagerten. Wenn die rasselt, weiß ich, dass noch was da ist.

Doro hingegen fand es nicht so schlimm. Im Gegenteil.

«Krass. Ein Online-Konto?», strahlte sie. «Das ist cool. Dann heben wir einfach was ab.»

Schon wieder schüttelte Lian den Kopf.

«Die Kontokarte bewahrt meine Mutter auf. Und ich bekomme sie nur, wenn ich meine Seite des Vertrags einhalte.»

«Was für einen Vertrag?», wollte Doro wissen.

«Geige üben, malen, Ballett ...», sagte Lian.

«Nur wenn du all das gemacht hast und dein Antrag bewilligt wurde, bekommst du Taschengeld?», fragte ich.

Lian nickte.

«Deine Eltern sind aber ... streng.»

«Das ist Sklaverei», murmelte Doro.

Ich schubste sie in die Seite. «Sklaverei gibt's nicht mehr. Hat mir Papa erklärt.»

«Dann halt Tyrannei.»

«Auf jeden Fall megafies.»

«Kein Wunder, dass du dich dauernd kratzen musst.»

Wir starrten alle auf Lians Haut, wo sich Schorf gebildet hatte. Verlegen zog er den Tiger-Pyjama-Ärmel darüber.

«Es tut mir wirklich leid. Aber ich kann euch kein Geld geben.»

Hm. Da saßen wir nun in Lians Zelt, während draußen die ersten Vögel zwitscherten. Es klang schön. Ich streckte den Kopf hinaus. Und dann hatte ich eine Idee.

«Lian, wo ist deine Geige?»

# Ein buntes Trio

Wir standen auf dem Platz vor dem Opernhaus, der Himmel war grau, in der Luft hing Nebel.

«Der erste Herbstnebel», hatte Lian gesagt, als wir inklusive des fröhlich hüpfenden Lola-Mopses den Berg hinuntermarschiert waren. Lian hatte uns verfärbte Blätter gezeigt und das Gras, das nicht mehr grün, sondern gelblich wurde. Lian liebte die Natur. Bestimmt hätte er gerne in meinem Dorf auf dem Land gewohnt.

Auf dem Platz allerdings gab es nur wenige Bäume, der Steinboden war kalt und hart. Da ich immer noch in Tigists Flipflops unterwegs war, spürte ich das deutlich.

«Los, fangen wir an», sagte ich zu den beiden anderen.

Lian in seinem Tiger-Pyjama sah mich mit ängstlichen Augen an, seine Hände umklammerten den Geigenkoffer.

«Du Yeshi, das ist keine gute Idee.»

«Doch. Eine *glitzerluftige* Superidee.»

Ich breitete das sonnengelbe Tuch aus, das wir aus Lians Zelt mitgenommen hatten, nahm die beiden Teedosen aus meinem Rucksack und gab sie Doro in die Hand. Wir hatten die Beutel rausgenommen und Zucker eingefüllt, nun waren es perfekte Rhythmusinstrumente. Doro schüttelte sie zur Probe. Obwohl es ziemlich dünn klang, zuckte mein Tanzfuß.

«Sie hat es halt im Blut», hatte unser Ziegennachbar *gebrummelt*, wenn ich im Baumhaus herumtanzte, dass die Latten nur so wackelten.

Ich weiß nicht, warum Mama dann immer stinkig wurde. Denn irgendwie stimmte es doch. Ich glaube, mein Tanzfuß hat schon gezuckt, als ich im Bauch meiner Bauchmama war.

Tanzen war mein Ding. Und darum schob ich Lian auf das gelbe Tuch und drängte ihn, anzufangen. Widerwillig öffnete Lian den Geigenkasten. Es war ihm sehr deutlich anzusehen, dass er überhaupt keine Lust auf die Aktion hatte. Aber es war unsere einzige Chance, an die vierzig Franken zu kommen, die ich haben musste, wenn um neun Uhr der Schuhladen öffnete.

«Und Lola-Mops binden wir an», sagte Doro und befestigte die Schnürsenkel am Kasten.

Ich jedoch fand, ein Stuhlbein wäre besser, weil ich Lolas Kraft ja kannte.

«Wenn ihr weiterstreitet, verschwinde ich», sagte Lian und wollte die Geige wieder einpacken.

«Die Kackbohne hat angefangen», sagte Doro.

«Weil deine Idee so blöd war, Glibberschlabberqualle», gab ich zurück.

Wir waren so laut geworden, dass einige Leute zu uns hersahen.

«Lian, spiel!», sagte ich.

Lian musste erst die Geige stimmen. Mist, wenn wir nicht bald spielten, würden die Leute weitergehen.

«Fang du an, Doro. Los, Rhythmus!»

Ich nickte ihr zu. Zögernd griff sie zu den Dosen.

Krsch. Krsch. Krsch, erklang es. Das war nichts. Voll lahm.

«Schau, Doro!» Ich nahm ihre Hand und schüttelte die Dosen. «So geht das. Schnell, schnell, langsam», sagte ich.

Endlich ließ Doro sich anstecken. Je mehr ich auf und ab wippte, desto sicherer wurde sie.

«Und jetzt du», sagte ich zu Lian.

Aber der stand bocksteif da, den Bogen in der Hand.

«Ich kann das nicht, Yeshi», flüsterte er. «Ich spiele nicht gern vor Leuten.»

Doro reckte den Kopf.

«Du bist ein verwöhnter Idiot. Wofür lernst du denn die ganzen Sachen? Jetzt könntest du sie endlich mal gebrauchen. Also mach mit. Wenn du Geige spielst, musst du dich wenigstens nicht kratzen.»

Boah. Lian wurde ganz bleich.

«Das war fies, Doro», sagte ich.

«Aber wahr», murrte sie.

«Trotzdem.» Ich wandte mich zu Lian und strich ihm über den blutenden Ausschlag. «Du musst nicht mitmachen. Aber es würde mich sehr freuen, wenn du hierbleibst. Ihr seht so schön aus, du und deine Geige.»

In dem Moment kamen ganz viele Leute auf den Platz, ausgespuckt aus einer Straßenbahn.

«Komm, Kackbohne, leg los», zischte Doro.

Und das tat ich. Erst hüpfte ich ein wenig. Dann begann ich zu stampfen, während Doro die Büchsen kreisen ließ, dass ich am liebsten gejubelt hätte.

Nun blieben immer mehr Leute stehen.

«Schaut mal, die Kinder da.»

«Ob die zu einem Zirkus gehören?»

«Die Kleine mit den Zöpfen ist richtig gut.»

Meinten die mich? Begeistert gab ich noch mehr Gas. Und dann, plötzlich, erklang die Geige. Ein ganz feiner Ton nur, kaum zu hören, der hochstieg, über den Platz bis zum Himmel hinauf, wo meine Oma mir von einer Zuckerwolke zuwinkte.

Mit offenem Mund sah ich Lian an.

«Das ist wunderschön.»

«Er übt ja auch ständig», sagte Doro. «Seine Mutter will, dass er Konzertgeiger wird.»

Ein Windstoß erhob sich und wirbelte ein paar gelbe Blätter in die Luft. Ich beugte mich zu Lian und flüsterte ihm ins Ohr.

«Mach einen Herbststurm. Ein richtiges Blätterballett.»

«Oh, yeah», flüsterte Doro ins andere Ohr. «Come on, baby, let's Rock 'n' Roll.»

Und ich weiß nicht warum, auf jeden Fall zog Lian plötzlich mit und ließ den Bogen über die Saiten gleiten. Die Geige spielte, Doro rasselte und ich stampfte.

Endlich kamen die Leute näher. Schon bildete sich ein Kreis. Genau das hatten wir gewollt. Auch Lian schien es zu merken. Er spielte schneller, sodass Doro noch mehr rasselte und ich noch mehr stampfte, während Lola-Mops im Takt wedelte. Dann begann ich zu singen. Zu Hause ist es mir immer peinlich, und wenn wir in der Schule vorsingen müssen, bringe ich keinen Ton heraus. Aber diese Leute kannten mich alle nicht, darum war es mir *piepsegal.* Und so sang ich von der Sonne, von den Schwänen, von Tigist und der Froschfrau, von meinem Flatterherz und vom Grummelbauch, von Lian und Doro, von meinem Papa in London, von meiner Bauch-mama in Afrika und von meiner Herzmama, die mich bestimmt vermisste. Bis mir nichts mehr einfiel. Da blieb ich stehen. Lian hielt den Bogen in die Luft und Doro die Büchsen.

Ein Moment der Stille. Man hörte nur die Autos rauschen und eine quietschende Straßenbahn. Dann fingen die Leute an zu klatschen. Ganz laut.

«Bravo.»

«Super gemacht.»

«Und der Hund war so süß», klang es um uns herum. Die Frau in der ersten Reihe zückte ihren Geldbeutel.

«Wo kann ich das reinschmeißen?»

Mistmistmist. Wir hatten keine Sammelbüchse. Vor lauter Aufregung hatten wir das komplett vergessen. Das Trio vom Vortag fiel mir ein, als ich mit Sitina in der Straßenbahn vorbeigefahren war. Die hatten einen Fahrrad-helm. «Doro, gib mir deine Mütze.»

«Nein.»

«Sei keine Zicke. Wir wissen wohl, dass du wegen einer Wette deine Haare abrasiert hast. Das hat Fußball-Tobias gepetzt.»

«Du hast keine Ahnung, Yeshi», funkelte Doro mich an.

«Bitte, Doro», mischte Lian sich ein. «Schaut, die Ersten gehen bereits wieder.»

Tatsächlich. Die Leute, die gerade noch geklatscht hatten, verstreuten sich in alle Himmelsrichtungen. Und dann sah ich noch etwas viel Entsetzlicheres. Neben dem Opernhaus, wo ein Haufen zusammengeklappter Stühle und Tische darauf warteten, in den Tag zu starten, parkte ein Polizeiauto und eine Frau stieg aus, ohne Uniform, aber mit demselben Cap, das ich gestern im Fenster bei Mama gesehen hatte. Der Fall war klar. Es war eine Polizistin, die so tat, als sei sie keine. Aber in Wirklichkeit würde sie mich bestimmt gleich verhaften.

«Wir brauchen dieses Geld, sonst war alles für die Katz.»

Mit einer schnellen Bewegung nahm ich Doro die Mütze vom Kopf. Zum ersten Mal sah ich, dass Doro ganz kahl war. Die Haut glänzte weiß in der Morgensonne. Sie riss mir die Mütze wieder aus der Hand und rannte quer durch die Leute davon.

# Doros Geschichte

Doro rannte zum See und dem Ufer entlang. Sie war voll-krass schnell. Aber sie hatte nicht mit mir gerechnet, ich bin ja auch Äthiopierin, und von da stammen die besten Läufer der Welt. Als Doro merkte, dass ich näherkam, überquerte sie die große Straße. Ein fieser Trick! Bis ich dort war, würde die Ampel auf Gelb stehen. Aber wer wie ich einen Mops gejagt hatte, ließ sich von einer Ampel nicht abschrecken.

«Stehen bleiben, blöde Göre», schrie ein Mann.

Ha! Wie der Blitz sauste ich auf die andere Seite und wich einem Kotflügel aus. Wenn Mama das gesehen hätte ...

«Links, rechts, links schauen, Yeshi, und erst dann ge-hen», ermahnt sie mich jeden Tag.

Weiter vorne machte Doro auf Zickzack, sie wollte das Gewimmel der Gassen ausnutzen und mich abhängen. Aber wozu war ich gestern schon mal hier gewesen? Ich kann mir vielleicht keine Hausnummern merken, aber den Weg kenne ich ganz genau.

«Du bist unser Navi, Yeshi.» Auch das sagt meine Mama.

Welche Haken Doro auch schlug, ich schlug sie mit ihr. Bis vor uns der Platz mit der Kirche auftauchte. Da nahm ich eine Seitengasse, gab noch mehr Gas, flog durch die Luft und um die Ecke, näherte mich von der anderen Seite und prallte voll in Doro. Zusammen landeten wir auf dem Boden.

«Hey!», schrie eine Frau mit petrolblauen Strümpfen und hohen Stiefeln, die wegen uns stolperte. «Was treibt ihr da, ihr Wildfänge! Hab ihr keine Schule?»

Die Schule! Doro und ich sahen uns in die Augen. Dann zum Zifferblatt der Uhr.

«Es ist fünf vor neun», keuchte Doro. «Bestimmt stehen die mit dem Polizeiauto auf dem Pausenplatz. Weil uns der alte Madovic verpfiffen hat.»

Ich packte Doro am Arm.

«Warum bist du auch davongerannt? Wir hätten schnell alles Geld einsammeln, die Turnschuhe kaufen, nach Hause gehen und Mama und deinem Paps alles erklären können.»

Sie zuckte mit den Achseln und schob ihre Mütze zurecht.

«Meine Mütze ist heilig. Die wegzureißen, ist absolut verboten.»

Dann schwieg sie. Ich auch.

«Wieso hast du eigentlich keine Haare?», fragte ich schließlich.

«Ich war krank.»

«Hast du Krebs?» Keine Ahnung, warum ich es wusste. Vielleicht weil meine Oma auch einen solchen Kopf gehabt hat, bevor sie gestorben ist.

Doro nickte.

«Und dein Paps? Wieso ist er so oft weg?»

«Meine Eltern haben sich getrennt, als ich krank wurde. Meine Mams verträgt keine Krankenhäuser. Und Paps muss viel arbeiten. Ich bin meist allein.»

«Ein fieser Kerl, dieser Krebs. Er hat meine Oma geholt.» Ich zeigte nach oben. «Dafür sitzt sie immer auf ihrer zuckerweißen Wolke, schaut auf die Welt hinunter und wenn ich etwas brauche, hilft sie mir. Manchmal geigt sie auch den Leuten, die fies sind zu mir, ganz gehörig die Meinung.»

Doro zuckte mit den Achseln.

«Cool. So eine Oma könnte ich auch brauchen.»

Plötzlich wurde mir klar, dass ich doch eigentlich sehr reich war. Und vielleicht etwas davon abgeben könnte.

«Weißt du was? Wenn ich das nächste Mal mit Oma im Himmel spreche, sage ich, sie soll auch ein wenig auf dich schauen.»

«Danke, Yeshi», sagte Doro. «Aber der Krebs ist weg. Die Ärzte haben ihn verjagt.»

Sie zeigte auf die vielen Armbändchen an ihrem Arm. «Für jede Behandlung eines. Die Haare sind erst am Schluss ausgefallen.»

«Ist doch nicht schlimm. Die wachsen ja wieder nach.»

Doros Augen glitzerten.

«Ich will kein Mädchen mit Glatze sein.»

«Manchmal will ich auch kein Mädchen mit Zöpfchen sein.»

Doro schnaubte.

«Tausendmal lieber hätte ich deine Zöpfe anstatt meiner Glatze.»

«Aber du weißt nicht, wie weh es tut.»

Und ich erzählte ihr davon, wie es war, wenn Mama meine Haare durchkämmte.

«Es dauert Stunden, wir brauchen eine Tonne Shampoo und zwei Tonnen Conditioner. Und danach muss sie alles wieder neu flechten. Und nie, *absolutgarniemalsnie* werde ich eine blonde Glatt-Haar-Mähne haben. So wie Julia und die anderen Mädels.»

«Ich auch nicht», sagte Doro und nahm die Mütze vom Kopf. Es sah eigenartig aus.

Langsam hob ich meine Hand. Und fuhr über Doros Glatze.

Es war wie Samt.

«Schön», flüsterte ich.

Die Turmuhr schlug neun.

«Der Turnschuhladen geht auf», sagte ich und wollte losrennen.

«Vergiss es! Wir haben kein Geld», fand Doro.

«Lian hat bestimmt ganz viel gesammelt.»

«Er ist längst in der Schule und hat uns verpfiffen.»

«Das glaube ich nicht.»

«Wetten?»

Gerade als wir diskutierten, ob wir zum Opernhausplatz zurücklaufen sollten, ertönte ein lautes Gebell. Lola-Mops tauchte aus einer Seitengasse auf, dicht gefolgt von Lian im Tiger-Pyjama.

«Yeshi, Doro, ihr glaubt es nicht.»

Als er vor uns stand, sprudelte es nur so aus ihm heraus. Wie die Leute Geld in den Geigenkasten gelegt hätten, Münzen, aber auch einige Noten, wie er, Lian, gar nicht mehr nachgekommen sei mit dem Einsammeln, und Lola-Mops gebellt habe wie verrückt.

«Weil eine Polizistin auf mich zukam.»

Das Polizeiauto, ich hatte es gewusst.

«Und? Hast du alles gepetzt? Werden sie uns gleich verhaften?», fragte Doro bissig.

«Nein, ich bin davongerannt», sagte Lian.

«Was?», sagten Doro und ich aus einem Mund.

Aber Lian ist doch ein Feigling, sagten Doros Augen.

Ist er nicht, funkelte ich zurück.

«Und wie hast du uns gefunden?»

«Lola-Mops hat mich gezogen. Sie ist wie eine Granate ab, zwischen den Autos durch, es war ganz schön gefährlich.»

Oh ja, das kannte ich.

«Und du bist trotzdem hinterhergerannt?», sagte ich zu Lian. «Das finde ich echt cool. Gut gemacht, Lian.»

Doro boxte Lian in den Arm.

«Geil.»

Da strahlte Lian. Als er den Geigenkasten öffnete, zählte Doro das Geld, das ging so blitzschnell, dass Lian und ich gar nicht nachkamen.

«Es sind genau 46 Franken und 90 Rappen.»

# Die pfefferminzgrünen Turnschuhe

Ich öffnete die Ladentür und betrat den Schuhladen, dicht gefolgt von Doro, Lian und Lola-Mops. Aber da war keine Mo. Es lief auch keine coole Musik mehr. Hinter dem Verkaufstisch kam die Frau von eben hervor, die mit den petrolblauen Strümpfen. Mistmistmist.

«Ihr schon wieder? Nun seid ihr sogar zu dritt!», sagte sie und ihr Mund war dabei so dünn wie ein Spaghetti.

Das musste Mos Chefin sein. Und sie war ein Drache, genau wie Mo gesagt hatte.

«Wo sind denn eure Mütter?»

«Wir sind allein unterwegs.»

«Seid ihr dafür nicht noch zu klein?» Sie musterte uns noch strenger. «Außerdem solltet ihr in der Schule sein.»

«Wir haben frei», platzte Doro heraus.

«Frei?» Die Chefin wandte sich zu Doro. «Was du nicht sagst. Warum denn?»

Gleich würde alles herauskommen. Aber ich hatte nicht mit Doros Lügengeschick gerechnet.

«Unsere Lehrerin hat eine Weiterbildung.»

«So?»

«Kochen für Schulkinder. Frau Morgenstern findet es sehr wichtig, dass wir auch solche Sachen lernen. Gerade haben wir Plätzchen gebacken.»

«Im Herbst?», fragte die Chefin misstrauisch. «Dann geht ihr alle zusammen in eine Klasse.»

Wir nickten schnell.

Sie sah zu Lian und mir.

«Und warum bist du denn im Pyjama unterwegs? Und du in Flipflops?»

«Weil ich ...»

Ich klappte den Mund wieder zu, als Doro auf Lians Tigeröhrchen-Kapuze zeigte.

«Wir wollen den Hund an andere Tiere gewöhnen. Und er muss lernen, nicht so zu ziehen.»

«Genau», übernahm ich von Doro, «in Flipflops bin ich langsam. So lernt es Lola-Mops am besten. Das waren Hausaufgaben für die Hundeschule, wissen Sie.»

«Die Hundeschule?» Die Chefin wirkte ein wenig verwirrt.

«Wo ist denn Mo?», sagte ich schnell, bevor sie weiterfragen konnte.

«Mo?»

«Sie arbeitet hier.»

«Du meinst Mona-Lisa.»

«Sie hat gesagt, sie heißt ...»

«Mona-Lisa», unterbrach mich Lian und lächelte wohlerzogen. «Die hängt doch im Louvre.»

Da bekam Lian einen sehr freundlichen Blick.

«Du bist ein gebildeter Junge. Sehr schön. Und sehr selten.»

Lian nickte.

«Das haben wir auch von unserer Lehrerin gelernt. Ihre letzte Weiterbildung war über Malerei.»

Nun wurde es der Chefin doch zu bunt.

«Wie auch immer. Mona-Lisa arbeitet auf jeden Fall nicht mehr hier.»

«Gestern Abend aber schon, ich habe sie gesehen», sagte ich erstaunt.

«Ja. Das war ihr letzter Arbeitstag. Ich musste sie leider entlassen.»

Entlassen? OH NEIN, die arme Mo. Und dann fiel mir ein, dass nicht nur sie, sondern auch ich ein Problem hatte. Darum erzählte ich schnell, dass Mo mir gestern ein Paar Turnschuhe verkauft hatte.

«Du meinst diese grässlichen grünen Treter mit den ...?»

«... mit den violetten Schnürsenkeln. Ich habe eine Anzahlung gemacht.»

Die Chefin ging zur Kasse.

«Das Fünffrankenstück. Ich habe mich schon gewundert.» Sie hielt es in die Luft. «Mona-Lisa hat es wieder mal nicht für nötig gehalten, mich darüber zu informieren, warum da ein Geldstück liegt.»

Ich fühlte, wie mein Herz flatterte.

«Wir haben den Rest dabei. 40 Franken. Können Sie uns die Schuhe geben, bitte?»

«Nein.»

«WAS?», schrien wir alle drei gleichzeitig und so laut, dass Lola-Mops zu knurren begann.

«Wir haben das Geld, also wollen wir auch die Schuhe», sagte Doro.

«Sie sind nicht mehr hier.»

«Aber Mo hat sie *reversiert*», sagte ich.

«Was? Kannst du kein Deutsch?»

«Sie meint *reserviert*», sagte Lian. «Mo hat sie reserviert, weil Yeshi gestern nicht genug Geld dabeihatte. Können Sie sie jetzt bitte holen?»

Die Chefin schüttelte den Kopf.

«Wie gesagt, sie sind weg.»

«Aber ...»

«Hast du nicht verstanden? Und jetzt geht endlich.»

So kurz vor dem Ziel gab ich nicht auf.

«Sie müssen irgendwo sein. Es war das letzte Paar und ich brauche sie dringend, weil meine Mama sonst denkt, Doro ist schuld, dass ich ...»

Da knuffte mich Doro schon wieder in die Seite. Ups. Fast hätte ich mich verplappert. Das wäre gar nicht gut gewesen. Wenn die Chefin wüsste, dass ich vermisst wurde, hätte sie bestimmt gleich die Polizei gerufen.

«Können Sie nachsehen?», sagte Lian in die Stille. «Bitte, Frau da Vinci.»

Nun wurde die Chefin wütend.

«Nimmst du mich etwa auf den Arm? Ich sage es euch gerne nochmals, ich habe die Turnschuhe verkauft. Gerade eben, bevor ihr gekommen seid.»

«Das können Sie nicht machen. Die Turnschuhe gehören mir.»

«Eine Anzahlung bedeutet nicht, dass sie dir gehören. Wärst du pünktlich gewesen, hättest du sie auch bekommen.»

«Ich brauche diese Turnschuhe», sagte ich und schluckte den Kloß im Hals hinunter.

«Du kannst dir ja andere kaufen. Ich habe dasselbe Modell noch in Edelweiß. Ich persönlich finde die ohnehin viel schöner.»

Plötzlich fühlte ich, wie der Kloß ganz dick wurde.

Da nahm Doro meine Hand.

«Wissen Sie was. Sie sind eine blöde Kuh, wir finden die grünen Turnschuhe viel schöner.»

«Je bunter, desto besser», ergänzte Lian und nahm meine andere Hand.

Nun fiel der Chefin nichts mehr ein. Ohne Worte schob sie uns nach draußen. Die Anzahlung behielt sie. Für ihre *Dummtriebe* oder so.

Und dann entdeckte ich ihn: Den Seehundzettel für das Tattoo von Mos Freundin. Er lag am Boden, zwischen dem Regal und der Türe. Mo musste ihn verloren haben.

# Stefanos Tattoo-Shop

«Da, Lola-Mops, riech mal!»

Aber wenn ich geglaubt hatte, der Hund würde einmal am Papier schnüffeln und uns dann zu Mo führen, hatte ich mich getäuscht.

«Nicht ablecken, Lola, riechen!», befahl ich mit meiner besten Mama-Stimme.

Das verstand der Hund als Aufforderung zum Bellen.

«Lola, aus.»

Doch Lola-Mops bellte so laut, dass ein kleines Mädchen zu uns hersah. Als ich ihm zuwinkte, zog es die Nase kraus, seine Unterlippe zitterte und es machte riesige Augen.

Sehr eigenartig.

Schnell ging ich zu ihm. Seine Mama zerrte das Mädchen jedoch mit sich, als ob es ein Gespenst gesehen hätte.

Doro und Lian waren neben mich getreten.

«Was war denn mit denen los?», fragte ich.

Lian räusperte sich.

«Ich glaube, das Mädchen hatte Angst vor dir.»

«Wieso?»

«Ja ...», Lian druckste herum. «Du weißt schon, Yeshi, vielleicht hat es noch nie ein dunkelhäutiges Mädchen gesehen.»

«Na und? Deswegen muss es doch keine Angst haben.»

«Ich glaube, es war auch nicht das Kind, es war die Mutter», murmelte Doro. «Die denkt vielleicht, du wärst irgendwie anders.»

«Du meinst, gefährlich für das kleine Mädchen?»

Lian und Doro schwiegen.

«Hab ihr auch Angst gehabt?», rutschte es mir heraus. «Als ihr mich zum ersten Mal gesehen habt?»

«Nein, sicher nicht, nur ...» Doro wusste nicht mehr weiter.

Mein Bauch grummelte und mein Herz flatterte ganz doll. Da fühlte ich Lians Arm.

«Weißt du, Yeshi, alles, was anders ist, ist zuerst fremd.»

«Bis es nicht mehr fremd ist», sagte Doro.

«Dann ist es immer noch anders», sagte ich.

«Anders ist aber nicht schlimm.»

«Fremd schon?»

«Fremd ist eben fremd.»

«Und anders ist anders. Nicht mehr fremd.»

«Wie heißt es dann? Unfremd?»

«Vertraut?»

«Bekannt?»

«Einfach anders. So wie wir alle. Einfach anders. Einfach Lian, einfach Doro, einfach Yeshi.»

Einfach Yeshi!

Wir sahen uns alle drei an. Doro mit der Mütze auf dem kahlen Kopf, Lian mit dem Ausschlag am Arm und ich. Und plötzlich flatterten Schmetterlinge in meinem Bauch.

Bis die Turmuhr schlug. Mistmistmist. Ich hatte zwar soeben zwei Freunde gewonnen, aber mein Problem war noch lange nicht gelöst. Und die Zeit lief uns davon.

«Was machen wir jetzt?», frage Lian und klang traurig. «Ich glaube nicht, dass wir deine Turnschuhe noch finden.»

NEIN. Niemals würden wir aufgeben.

«Es muss doch noch mehr Schuhgeschäfte geben. Gleich da vorne, schaut mal den Shop da, ein ganzes Schaufenster voller Turnschuhe.»

Nur waren die viel teurer als unsere 40 Franken. Und von pfefferminzgrünen Modellen hatte der ruppige Verkäufer noch nie etwas gehört. Wir standen schneller wieder draußen, als wir Papp sagen konnten.

Nun schüttelte Doro den Kopf.

«Gehen wir heim. Egal. Schuld bin sowieso ich. Das gibt eine dicke, fette Strafe. Ich werd's überleben.»

Absolutgarniemalsnie.

«Mo hat bestimmt eine Idee, wo wir die Turnschuhe herkriegen. Wir können ja die Drachen-Chefin fragen, ob sie uns ihre Adresse gibt.»

«Spinnst du? In den Laden geh ich nicht mehr. Die hat längst gemerkt, dass wir gelogen haben.»

Wo Doro recht hatte ...

«Vielleicht weiß jemand in der Nachbarschaft, wo Mo wohnt», sagte ich.

«Ich glaube nicht, dass Mo uns helfen kann», sagte Lian. «Es gibt diese Turnschuhe nicht mehr, Yeshi, du musst es akzeptieren.»

Schon wieder so ein Wort. Es bedeutet, dass ich das machen soll, was die anderen sagen, obwohl ich es viel besser weiß. Bitte liebe Oma, oder liebe Bauchmama ... aber diesmal nützte der Zauber nichts.

«Komm, Kackbohne, gehen wir», sagte Doro.

Enttäuscht knüllte ich den Zettel zusammen. Und da hatte ich eine *glitzerluftige* Superidee.

«Seht ihr die Zeichnung? Das ist ein Seehund. Der Seehund wird ein Tattoo. Also brauchen wir nur alle Tattoo-Shops abzusuchen. Und mit etwas Glück finden wir da auch Mo.»

Vier Tattoo-Shops weiter waren wir alle ziemlich verzweifelt. Zweimal hatten die Leute uns gar nicht reingelassen, als sie merkten, dass wir ohne Erwachsene unterwegs waren, beim dritten Mal war der Laden in Wirklichkeit ein Fitnessstudio. Die nette Schmuckverkäuferin im vierten Laden hatte gesagt, dass ihre Chef-Tätowiererin immer nur montags da sei. Und eine Mona-Lisa kenne sie nicht. Wir waren bereits wieder draußen, als sie uns nachgelaufen kam.

«Es gibt noch den Tattoo-Stefano. Der kennt jede und jeden. Vielleicht fragt ihr mal den.»

Nachdem sie uns den Weg beschrieben und Lola-Mops einen Keks gefüttert hatte, machte sie das Daumen-hoch-Zeichen und ging wieder rein.

«Ich weiß nicht, Yeshi, das bringt doch nichts», winkte Doro ab.

Lian zuckte nur mit den Achseln, und selbst Lola schien keine Lust mehr auf diesen Gassenspaziergang zu haben. Ich war drauf und dran aufzugeben, mein Grummel-Bauch-Flatter-Herz war schon ganz matt.

«Also gut, wir besuchen diesen Stefano und dann ist Schluss.» Ohne auf die anderen zu warten, rannte ich los. «Kommt. Los, wer zuerst da ist, hat gewonnen. Und so, wie es aussieht, bin ich das.»

Das konnte Doro nicht auf sich sitzen lassen. Schon hörte ich sie dicht hinter mir. Und als ich über die Schulter zurückblickte, sah ich auch den hüpfenden Lola-Mops, der Lian hinter sich herzog. Bald standen wir vor einem schmalen Haus, in einer schmalen Gasse, wo die anderen schmalen Häuser so dicht beieinanderstanden, dass man kaum den Himmel sah. In einem winzigen Schaufenster war Schmuck ausgestellt, klobige Ringe, schwere Armreifen wie Handschellen. Sehr gruselig.

«Schau mal, Lola, gefällt dir das?» Doro zeigte auf ein Hundehalsband mit leuchtend roten Steinen. Aber Lola-Mops war nicht interessiert, sie schnüffelte dafür aufgeregt an der Tür.

«Ich glaube, da drin gibt's was zu fressen», murmelte ich und öffnete die braune Holztür einen Spalt breit. Schon war Lola weg, Lian schaute verblüfft auf den zerrissenen Schnürsenkel in seiner Hand.

«Lola, warte!»

Ich betrat den dunklen Flur, die anderen kamen hinter mir her. Erst jetzt merkten wir, wie viel draußen los gewesen war: vorbeifahrende Autos, plaudernde Menschen, klirrende Getränkeharasse ... all die Alltagsgeräusche waren weg.

«Wie in einer Kirche», flüsterte Lian. «Es riecht auch so.»

Stimmt. Es roch eigenartig. Aber eigentlich ganz gut. Am Ende des Flurs gab es zwei Türen, eine links, eine rechts.

«Rechts», fand Doro.

Also machte ich auf. In dem schummrigen Licht vor uns standen einige Vitrinen, darin derselbe Schmuck wie im Schaufenster. Der hintere Teil des Raums war durch einen Vorhang abgetrennt, der nun geöffnet wurde. Heraus kam ein Mann in einem ärmellosen T-Shirt, sodass man die tattoobedeckten Arme sehen konnte. In seiner Nase steckten etwa hundert silberne Knöpfe, die Ohren sah man vor lauter Piercings nicht mehr, sogar in den Lippen hatte er welche.

«*Krabummdibums*», sagte er mit tiefer Stimme. «Wen haben wir denn da?»

Ich spürte, wie Lian vor Schreck nach meiner Hand griff, während Doro sich hinter mich schob.

Grrrww!

Als Lola meinen Bauch grummeln hörte, begann sie zu bellen. Da verzog der Tattoo-Mann den Mund. Und zeigte ein weiteres Piercing ganz vorne auf der Zunge.

«Was für eine nette kleine Lady», sagte er und bückte sich.

Sogleich legte Lola sich auf den Rücken und ließ sich kraulen.

«Wie heißt sie denn?»

«Lola», meinte ich schließlich, weil die anderen sich immer noch nicht rührten.

«Lola? Die würde gut zu meinem Seppi passen.»

«Seppi? Dein Hund heißt Seppi?», fragte ich erstaunt.

«Komisch, gell? Er hat eine Münchner Mama, weißt du. Eine Labradordame aus Bayern. Sein Bruder heißt Toni und die Schwester Tomate.»

«Tomate? Ist das auch bayrisch?»

«Nein, ich glaube, der Familie gingen die Namen aus.»

«Haben Sie drei Hunde?»

Nun lachte er und zeigte eine Reihe weiterer Piercings zwischen seinen Zähnen.

«Nein, nur einen. Weißt du, ich wohne über dem Laden, mitten in der Stadt. Das ist nicht ideal für Hunde.»

«Wieso wohnen Sie denn nicht auf dem Land? Da ist es viel schöner.»

«Ich war zuerst da. Der Seppi kam später. Er ist bei mir hängen geblieben. Als ihn niemand haben wollte, habe ich ihn halt adoptiert.»

«Dann bist du jetzt sein Herzpapa?»

Der Tattoo-Mann legte den Kopf schief.

«Herzpapa? Das habe ich noch nie gehört. Aber es gefällt mir.»

«Herzpapa Stefano.»

«Wieso weißt du denn, wie ich heiße?», fragte er.

«Das ist eine lange Geschichte.»

«Ach so», nickte er. «Wie heißt du denn?»

«Ich bin Yeshi. Und das sind Doro und Lian.»

«Hm? Du meinst deine Freunde? *Krabummdibums*, die sind weg.»

Nanu, hatte er sie verschwinden lassen?

«Bist du ein Zauberer?», fragte ich vorsichtig.

Da lachte er, dass es ihn nur so schüttelte.

«Sie sind hinausgeflitzt, als ob ich der Teufel persönlich wäre.»

Tatsächlich. Die beiden standen im Flur und linsten ängstlich durch den Türspalt.

Ich winkte ihnen zu.

«Kommt. Stefano beißt nicht. Er ist nur anders.»

Stefano musste noch mehr lachen. Ich verstand nicht genau warum, aber ich vergaß es gleich wieder, als sich herausstellte, dass Stefano Mo kannte. Und noch besser. Er zückte sein Handy, erzählte ihr, dass sie Besuch habe, und gleich darauf stand auch sie im Laden. Das Wiedersehen war sehr nett, vor allem weil Mo sich über die verloren geglaubte Zeichnung so sehr freute. Nochmals in den Laden zurückgehen, das hätte sie nie im Leben gemacht, den Triumph hätte sie ihrer Chefin nicht gegönnt.

«Der alte Drachen! Sie kam natürlich trotzdem noch gestern Abend vorbei, um zu kontrollieren, ob ich auch alles richtig gemacht hatte. Als sie die Story mit den Turnschuhen herausfand und rumschrie, eine Anzahlung von fünf Franken sei viel zu wenig, hatte ich die Schnauze voll. Ich hab gekündigt.»

«Du?»

Wir drei sahen uns erstaunt an. Uns hatte die Chefin etwas anderes erzählt.

«Sie hat gelogen? Typisch.»

Das hatte sie. Auch wegen der Turnschuhe. Mo hatte ihr nämlich gesagt, dass ich heute Nachmittag kommen würde. Und nicht morgens um neun.

«Ich dachte mir, das wäre unmöglich, weil du ja Schule hast.» Sie musterte mich. «Apropos, wieso seid ihr nicht in der Schule?»

Nun mischte Stefano sich ein.

«Yeshi sagt, es ist eine lange Geschichte.»

Mo klatschte in die Hände.

«Ich liebe lange Geschichten!»

Und so erzählte ich alles, von Mama, von Sitina und Tulu, von Tigist und dem bunten Puppenhaus, vom Käppi-Chauffeur, der Froschtante, von Lola-Mops, von den Kindern am See, vom Gespenst, das keines war, von Lians Tipi, seinem Geigenspiel, vom gesammelten Geld und von den verschwundenen Turnschuhen. Stefano hatte in der Zeit Zimttee ausgeschenkt (darum roch es so gut!) und einen Teller mit Schoko-Plätzchen auf den kleinen Tisch vor dem Sofa gestellt. Lian zuckte jedes Mal zusammen, wenn er in seine Nähe kam, aber Doro schaute interessiert auf seinen Arm, der von einer tätowierten Rose bedeckt war.

«Voll krass», sagte Mo, als ich fertig war. «Das mit den Schuhen tut mir leid, Yeshi. Sie hätten super zu dir gepasst. Sie waren wild und ausgefallen und ganz besonders.»

«So wie du», meinte Lian.

Ich? Als mich alle ansahen, wurde es mir ganz peinlich.

«Aber nun sind sie weg. Mistmistmist.»

«Ja», nickte Mo und blinzelte verschwörerisch. «Vor allem, weil sie ja so wichtig sind. Du weißt schon. Wegen des Geburtstags deiner Freundin.»

«Welche Freundin?»

Lian und Doro warfen mir einen fragenden Blick zu. Diesmal war es mir so peinlich, dass ich rot wurde. Auch mit meiner dunklen Haut kann man rot werden. Vielleicht sieht man es nicht von außen, aber innen drin fühlt es sich an wie Feuer.

«Tut mir leid. Da habe ich geschwindelt. Die Turnschuhe sind für mich.»

Mo grinste.

«Meinst du, ich bin blöd? Hab ich doch voll kapiert.»

Sie stand auf, öffnete den Vorhang und gab den Blick frei auf einen ungeheuer komischen Stuhl mit Kopfstütze und einer Verlängerung für die Beine. Bevor ich ihn genauer ansehen konnte, zog Mo eine Schachtel hervor und machte eine Kopfbewegung.

«Traust du dich, Yeshi?»

Und ob. Ich setzte mich.

«Super», lachte ich, als das Ungetüm nach hinten klappte. «Ist wie bei Papas Frisör.»

Da zauberte Mo ein Paar schneeweiße Turnschuhe aus der Schachtel.

«Abrakadabra. Ich dachte mir schon, dass wir die brauchen würden.»

«Die sind weiß.» Enttäuscht winkte Doro ab. «Das geht nicht. Yeshis Mutter würde sofort merken, dass es nicht die richtigen sind.»

«Wart's ab», sagte Mo geheimnisvoll.

Und bevor ich nachfragen konnte, zog sie mir die Schuhe an.

«Passt!», sagte sie und winkte Stefano. «Hol die Farben raus. Wir brauchen Pfefferminz.»

Stefano öffnete einen riesigen Schrank. Wow! Das reinste Farbenwunderland. Farbtopf reihte sich an Tiegel an Tube an Dose. Dazu Pinsel in allen Größen.

Stefano wählte schließlich ein Gerät aus, das wie eine Pistole aussah.

«Hände hoch!», grinste er. «Achtung, Farbangriff!»

Und kurze Zeit später strahlten die Turnschuhe im schönsten Pfefferminzgrün. Dann drückte Stefano Doro einen Föhn in die Hand, und während die Grundierung trocknete, rührte Mo das Milchkaffeebraun für die Schmetterlinge an.

«Jetzt wird's schwierig», sagte sie kritisch. «Wer von euch ist so gut wie Pablo Picasso? Der beste Maler der Welt.»

Ich zeigte auf Lian und Stefano drückte ihm einen Pinsel in die Hand. «Einmal Schmetterlinge, bitte.»

Lian schluckte und begann zu malen. Wie durch ein Wunder zitterten seine Finger nicht mehr. Ganz ruhig hielt er den Pinsel und warf feine Striche hin.

«Wow, Lian!», staunten wir alle.

Nun fehlten nur noch die Schnürsenkel in der richtigen Farbe. Da musste Mo leider passen.

«Erstens ist Violett gerade aus und zweitens würden die nicht so schnell trocknen und Flecken machen. Wir lassen die Weißen dran. Und hoffen, dass deine Mama es nicht merkt.»

Stefano hob mich aus dem Stuhl, als wäre ich eine Puppe, und stellte mich auf den Tisch neben die Kekse.

«Na, was sagt ihr?»

Probehalber zuckte mein Tanzfuß. Links, rechts, stampf, stampf. Cool. Die Schuhe waren megaobersupercool.

Da zeigte Doro auf Mo.

«Was hast du da? Hinter deinem Ohr?»

Aha. Sie meinte Mos Tattoo. Ich erklärte ihr, dass es eine Laute war.

«Könnte ich auch so eines haben?», sagte Doro und ihre Augen schillerten noch grüner als meine neuen Turnschuhe.

«Ein Tattoo?», fragte Stefano. «Das ist aber ein spannender Wunsch. Wo möchtest du denn eines?»

Ich ahnte, was gleich passieren würde. Und tatsächlich. Doro zog die Mütze vom Kopf. Es wurde ganz still im Laden.

«Es ist so kahl, findet ihr nicht?», sagte Doro.

«Aber die Haare wachsen doch wieder nach», sagte Mo.

«Trotzdem.»

«Ich weiß nicht.» Mo sah zu Stefano. «Was sagst du?»

«*Krabummdibums*», murmelte er. «So ein Tattoo hast du für den Rest deines Lebens.»

Lian zupfe Doro am Ärmel.

«Ich würde es nicht machen, wenn ich du wäre. Warum willst du dir so was freiwillig antun?»

Ups. Jetzt klang er wie Frau Morgenstern in ihren schlechten Momenten. Da legte ich meinen Arm um Doro.

«Ich glaube, die Glibberschlabberqualle möchte nie mehr vergessen, wie es war, als sie keine Haare mehr hatte.»

Wieder hörte man keinen Mucks.

Bis Doro mich knuffte.

«Das hast du schön gesagt, Kackbohne.»

Stefano schüttelte den Kopf.

«Es geht nur mit Erlaubnis deiner Eltern. Und du musst sechzehn sein.»

Doro reckte das Kinn.

«Mein Paps ist einverstanden. Und ich bin sechzehn.»

Ich nickte blitzschnell.

«Manchmal ist sie auch hundert. Aber sie sieht viel jünger aus.»

«Das stimmt», sagte Lian und wurde kein bisschen rot.

Sogar Lola nickte.

«Wuff, wuff.»

Und so tätowierte Stefano Doro eine winzige Laute direkt hinters Ohr. Wo man sie kaum mehr sehen würde, wenn sie wieder Haare hätte. Doro zuckte kein einziges Mal zusammen, obwohl es bestimmt sehr weh tat. Habt ihr schon mal gesehen, wie ein echtes Tattoo entsteht? Das ist was anderes als so ein Abziehbildchen nass machen und auf die Haut kleben. Und plötzlich passierte etwas, womit niemand von uns gerechnet hätte. Lian streckte seinen Arm vor, den mit dem Ausschlag.

«Ich will auch eines. Hier.»

# Nach Hause

Wir waren auf dem Heimweg. Ab und zu warf ich einen Blick auf das Lauten-Tattoo an meinem Fußgelenk, natürlich hatte ich auch eines gewollt. Was Mama dazu sagen würde? Aber ich hatte keine Zeit, darüber nachzudenken, wir mussten uns beeilen.

Doro kannte sich gut aus, sie führte uns über Seitenwege und durch Querstraßen. Ich wurde immer langsamer, die neuen Turnschuhe drückten. Ab und zu warf ich einen Blick auf die Gratiszeitung, die Stefano uns zum Abschied mitgegeben hatte.

*Zürcher Schülerin vermisst*, stand da und darunter ein Foto von mir.

Oje, oje. Darum hatten das kleine Mädchen und seine Mutter so komisch reagiert. Die hatten mich in der Zeitung gesehen. Es war ein blödes Bild. Meine Zöpfchen standen kreuz und quer, und auf der Wange prangte ein Zahnpastafleck. Seit ich das gesehen hatte, war mir schlecht. Und je mehr wir uns dem Haus näherten, in dem ich seit ein paar Wochen wohnte, desto schlimmer wurde es.

Zuvorderst ging Lian mit Lola-Mops, dann kam Doro, dann ich. Ich spürte, wie mein Bauch grummelte. Am liebsten wäre ich wieder umgekehrt. Aber wohin? *Konzentrier dich, Yeshi.* Du lebst jetzt in der Stadt, mit Mama. Das ist dein Zuhause.

Die Straße vor dem Haus war leer. Es stand kein Polizeiauto da wie gestern Nacht. Alles still und ruhig.

«Wartet.»

Doro und Lian drehten sich zu mir um.

«Ich kann da nicht hinein. *Absolutgarniemalsnicht.*»

«Wir müssen, Yeshi», sagte Lian und klang sehr bestimmt. «Die suchen dich. Und Doro. Und mich auch.»

«Hast du Angst vor der Strafe?», fragte Doro.

«Nein.» Aber die Schmetterlinge in meinem Bauch tanzten Hip-Hop.

Da spürte ich zwei Hände. Eine links und eine rechts.

«Los, Yeshi.»

«Zusammen schaffen wir das.»


Einmal tief einatmen und dann machte ich die Tür einen Spaltbreit auf. Unsere kleine Küche war so voller Menschen, dass mich gar niemand bemerkte. Lians Papa mit Krawatte stand etwas abgesondert von den anderen, die Hand auf der Schulter von Lians Bohnenstangen-Mama, die eingepackt war in einen flauschigen Mantel. Versammelt um den Küchentisch saßen der Brummelbär Madovic, der Käppi-Chauffeur, die Froschfrau und Frau Morgenstern, alle mit einer Tasse in der Hand. Hinter ihnen, an den Kühlschrank gelehnt, der Polizist mit dem Anzug und dem Bart und seine getarnte Kollegin mit dem Cap. OH NEIN. Warum waren die alle hier? Und wo war meine ... In dem Moment kam Mama durch die Balkontür.

Gerade wollte ich zu ihr rennen, als ich bemerkte, wer hinter Mama hereinkam: der Zahnfletsch-Gian! Mein Herz machte einen Rückwärtssalto.

«Mach schon, Yeshi», sagte Doro und schubste mich in die Küche.

Nun sahen alle zu uns her. Wir standen nebeneinander, wie drei Reiher am Bach.

Ein Rundumaufschrei der versammelten Eltern. «Yeshi! Doro! Lian!»

Und, etwas verspätet: «Lola!»

Wie ein Pfeil schoss Lola-Mops an den Leuten vorbei, direkt in die Arme der alten Oma, die im Ohrensessel saß, ein Croissant in der Hand.

«Mein Möpschen, dass ich dich wiederhabe», jauchzte sie, während Lola wie verrückt bellte, ihrer Meisterin das Gesicht ableckte, bevor das ganze Croissant in ihrem Maul verschwand.

Das war das Signal, alle lösten sich aus der Erstarrung, ein Stimmengewirr setzte ein.

«Einfach in die Turnhalle einbrechen, und dann noch mitten in der Nacht!», brummte der alte Madovic.

«Ein guter Unterschlupf. Kluges Kind, diese Yeshi», das war der Käppi-Chauffeur.

«Aber sie war ohne Fahrkarte unterwegs», entgegnete die Froschfrau.

«Ich habe immer gehofft, dass aus Doro und Yeshi Freundinnen werden», erklärte Frau Morgenstern.

«Die Mädchen haben einen schlechten Einfluss auf

Lian. Ich sage immer, zu viel Freiheit tut den Kindern nicht gut, da braucht es strikte Regeln und ein volles Programm», schrillte die Stimme von Lians Mama.

«Ach wo. Wenn sie nicht wollen, dann wollen sie nicht. Genau wie mein Mops», sagte die Oma. «Der schlüpft mir auch immer durch die Finger.»

«Komm mal her, Lian. Was habe ich da gehört?» Das war die Stimme von Lians Papa, voller Stolz, in seinem ulkigen Schweden-Deutsch. «Du hast auf dem Opernhausplatz ein Konzert gegeben? Und so Geld erwirtschaftet, das ist echter Unternehmer-Geist.»

«Lobst du ihn etwa noch? Wenn Lians Geige Schaden genommen hat, dann mache ich die Mädchen dafür haftbar», kam es von Lians Mama.

«Mach mal halblang, Liebling, es sind Kinder», versuchte Lians Papa seine Frau zu beruhigen.

«Verwahrloste Scheidungs-Gören. Das ist einfach kein Umgang für unseren Sohn. Ich habe dir gesagt, wir sollten ihn auf eine Privatschule schicken.» Plötzlich hielt Lians Mutter inne. «Was hast du denn da, um Himmels Willen?»

Sie deutete auf Lians Arm.

«Eine Laute, Mama», sagte Lian. «Gefällt sie dir? Es ist ein Tattoo.»

Da schrie Lians Mama auf. Und gleich darauf begann sie zu schimpfen, schlimmer als alles, was ich je gehört hatte. Aber es war mir egal. Denn nun stand ich vor meiner Mama.

«Yeshi, mein Mädelchen», sagte sie und ihre Augen glitzerten.

«Mama. Es tut mir leid, dass ich zu spät komme. Ich wollte nur eine halbe Stunde wegbleiben, aber dann fuhr die Straßenbahn immer weiter, und Sitina verstand mich nicht, und Tulu hat immerzu meine Hand gehalten, und ohne ihn hätte ich Tigist nie kennengelernt, sie sieht aus wie ich, Mama, können wir sie besuchen, bitte, bitte?»

Meine Mama lächelte.

«Klar besuchen wir sie.» Als wir uns umarmten, so fest, dass Mama fast keine Luft mehr bekam und ich auch nicht, flatterte mein Herz ganz ruhig und mein Bauch hörte auf zu grummeln. Es fühlte sich an wie zu Hause. Es war kuschelweich und wohlig warm. Bis ich meine Augen aufmachte und etwas ganz und gar Entsetzliches sah. Etwas richtig Grauenhaftes. Doro mit dem fiesen Krebs und dem kahlen Kopf, mit der frechen Quietschstimme und dem mutigen Herz, diese Doro lag in den Armen von Zahnfletsch-Gian.

# Yeshi rennt

Ich lief und lief und lief. Keine Ahnung wohin, Häuser flogen an mir vorbei, Brunnen, Autos, Fahrräder, Hunde, Menschen. Die neuen Turnschuhe zerquetschten meine großen Zehen, und trotzdem tanzten meine Füße weiter. Der Zahnfletsch-Gian war der Vater von Doro.

Doros Paps.

Der Paps, der so selten Zeit hatte. Weil er so viel arbeitete. Was voll gelogen war. Er steckte ja dauernd mit meiner Mama zusammen. Darum war Doro auch immer am See gewesen. Bestimmt hatte sie es gewusst und mir nichts gesagt. Lauter Lügen. Dicke, fette Lügen, die in meinem Bauch herumgrummelten und sich wie Glibberschlabberquallen um mein Herz wanden. Aber je enger es wurde in meiner Brust, desto schneller rannte ich. Den Berg hinauf und wieder hinunter. An einem Weiher vorbei, der viel kleiner war als der große See. Das Wasser war grauschwarz, mit Eisschaum obendrauf. Ich rannte durch Schilf und Weiden, durch einen dichten Wald. Plötzlich war mir, als ob ich Svenja gesehen hätte, mein Pony, und dahinter Inchie. Und Louis, der so schnell trabte, dass sein Hinterteil auf und ab hüpfte. Immer wenn mir die Puste ausging, winkten sie mir zu.

«Lauf, Yeshi, lauf. Du schaffst das. Du hast die schnellsten Füße der Welt.»

Und so rannte ich hinter meinen Ponys her, über einen weichen Moorweg, dem Bach entlang, bis ich in mein altes Dorf kam. Gleich wäre ich in meinem Garten und würde die Ziegen des Nachbarn mit Blättern füttern.

Und wenn Mama rief «Papa ist da, Yeshi, wir essen», würde ich in die Küche stürmen und mit Papa und Mama Spaghetti essen, einen Film schauen, Bullerbü oder so, und ganz viel Schokolade essen.

Vor der kleinen Kirche mit dem roten Zifferblatt musste ich verschnaufen. Viertel nach drei zeigten die goldenen Zeiger. Viertel nach drei. Ich staunte. Seit wann konnte ich denn die Uhr? Ganz deutlich erkannte ich das Pizzastück. Dann rannte ich weiter, gleich wäre ich da. Unsere alte Straße, die Weide mit den Ziegen, der Miststock. Nun tauchte unser Haus auf. Vanilleweiß, mit sommerblauen Fensterläden. Es hatte sich nichts verändert. Nur, dass auf dem Türschild nicht mehr *Beder* stand, ein fremder Name war mit krakeligen Kinderbuchstaben geschrieben. Und dass die Blätter der Bäume auf der Wiese sich verfärbt hatten und dass ein anderer Gartentisch dastand, neben einer Reihe von Fahrrädern.

Komisch, irgendwie hatte ich gedacht, dass hier niemand mehr wohnte. Und nun schien es eine ganze Familie zu sein. Und dann entdeckte ich die Leiter, die Papa mir gebastelt hatte. Sie war genauso verlottert wie früher. Ich kletterte hoch, vermied die zweitletzte Stufe und schlüpfte durch die Luke. Mein Baumhaus. Die Matratze, die Kissen, alles wie früher. Und da waren Svenja,

Inchie und Louis und schauten mich mit großen Knopf-augen an. Meine Lieblingsponys. Wie hatte ich sie nur so lange alleine lassen können? Ich riss sie an mich, umarm-te und küsste sie.

«Ich bin wieder zu Hause. Und ich werde euch nie mehr alleine lassen.»

Und plötzlich wurde ich ganz fest müde. Ich war ja schon lange unterwegs. Auch wenn die Matratze ziemlich feucht war und stank, ich kuschelte mich in die Decke, zog die Ponys an mich und schlief ein.

# Mein Herzpapa

«Yeshi?», erklang eine Stimme, weit entfernt. «Yeshi?»

Ich hatte alles nur geträumt, gleich würde ich aufwachen und dann stünde Mama da und würde mit mir schimpfen, weil ich die Zeit wieder einmal vergessen hatte.

Als ich die Augen aufmachte, war da keine Mama.

«Yeshi?»

Ich setzte mich auf.

«Papa?», blinzelte ich. «Was machst du hier? Du bist doch in London.»

Papa machte sein Jetzt-ist-es-mir-ernst-Gesicht, bei dem er die Stirn in Falten legt, den Mund zu einem Strich verzieht und die Augen aufreißt.

«Yeshi! Du warst verschwunden. Einen ganzen Tag und eine ganze Nacht. Alle sind fast durchgedreht vor Angst. Ich bin natürlich sofort gekommen.»

OH NEIN. Was hatte ich da nur angestellt?

«Verpasst du jetzt wegen mir deine wichtige Chance?», fragte ich und meine Stimme klang ganz dünn und hoch.

«Welche Chance?»

War mein Papa blöd? Er hatte es mir doch genau erklärt.

«Na, deine Job-Chance. Fliegt die jetzt davon wie eine große Rakete? Und ich bin schuld?»

So, wie ich an Mamas Kummer schuld war und am Är-
ger von Brummel-Madovic, an den besorgten Augen von
Frau Morgenstern und der Wutstimme von Lians Mutter.

Aber Papa schüttelte den Kopf.

«Nein, Yeshi. Die Rakete hat eine Zwischenlandung
gemacht und wartet. Sie kann gar nicht weiterfliegen
ohne mich.»

«Weil du der Chauffeur bist?»

«Man nennt das Pilot. Ich bin der Pilot meiner Rakete.
So, wie du die Pilotin von deiner bist.»

Ich überlegte. «Ich mag ja Raketen nicht so, Papa. Ich
mag lieber Ponys.»

«Du meinst, deine Rakete ist ein Pony? Und du bist
seine Reiterin?» Er kletterte ganz zu mir nach oben.

Ich nickte.

«Schau.» Ich deutete auf Svenja, Inchie und den dicken
Louis. «Sie sind megaglücklich, weil ich wieder hier bin.»

«Ohne dich war ihnen wohl langweilig?»

Nicht nur das. «Sie hatten niemanden, der sich um sie
kümmert. Sie hatten Hunger und Durst. Darum bleibe
ich hier.»

Nun machte Papa sein Ich-habe-eine-bessere-Idee-Ge-
sicht. «Und wie wär's, wenn deine Ponys auch in die Stadt
ziehen?»

«Das geht nicht.»

«Warum nicht?»

«Weil es da keine Weiden gibt. Auch keine Hütte.
Wenn du uns mal besucht hättest, wüsstest du das.»

Ojojoj. Da hatte ich ihn getroffen. Sein Ideen-Gesicht wurde ganz schuldbewusst.

«Es tut mir leid, Yeshi. Alles war so hektisch. Aber weißt du was?» Er streckte seine Hand aus. «Lass uns gleich gehen. Dann kannst du mir alles zeigen.»

Mit Papa in Mamas und meine Wohnung? Das hatte ich mir doch gewünscht. Dass Papa zu uns kommen würde. Jeden Abend beim Einschlafen hatte ich es mir so sehr gewünscht. Aber nun war der Zahnfletsch-Gian da. Auf *absolutgarkeinenniemalsnie* Fall durfte Papa den treffen.

«Nein», sagte ich. «Das geht nicht.»

«Ich möchte doch dein Zimmer sehen, Yeshi.»

Ich schüttelte meinen Kopf, dass die Zöpfchen nur so flogen.

«Entschuldige, Papa. Ich bleibe hier.»

Ich verschränkte meine Arme und starrte Papa mit meinem Funkelblick an.

«Warum willst du hierbleiben?», fragte er schließlich.

«Das ist eine komplizierte Geschichte. Da brauche ich sehr lange zum Erzählen. Bestimmt so zwei bis drei Stunden.»

Papa stutzte.

«Seit wann kannst du denn die Zeit?»

«Die konnte ich schon immer. Nur ist sie jetzt für mich so, wie für die anderen auch.»

«Das musst du mir erklären.»

«Ich habe die Schuhschachteln verwandelt, Papa. Es sind Pizzastücke geworden, weißt du.»

Das verstand er nicht, ich sah es ihm genau an.

«Lassen wir das, Yeshi. Erzähl jetzt die Geschichte. Und dann fahren wir zurück in die Stadt.»

«Hast du nicht gehört? Das ist mein Zuhause. Ich bleibe hier.»

«Yeshi ...» Er sah sich um. «Es gibt keine Küche, kein Badezimmer und keine Heizung. Im Winter wird's ganz schön kalt.»

«Das ist mir egal.» Ich drückte die Ponys an mich.

«Ich weiß, dass es schwierig ist für dich, aber mach es nicht noch schwieriger.» Papa wurde ungeduldig. «Wir gehen nach Hause zu Mama und besprechen alles und dann finden wir eine Lösung.»

«Nein.» Ich verschränkte die Arme vor der Brust. Ich wollte gar keine Lösung.

«Ich bleibe hier.»

Gleich würde Papas Geduldsfaden reißen. Ich wüsste mal gerne, wie dieser Faden eigentlich aussieht und wo er hängt?

«Yeshi», drang Papas Stimme wieder zu mir. «Gleich reißt mir der Geduldsfaden. Ich weiß nicht, ob dir klar ist, was da gerade abgeht. Du warst 24 Stunden weg von zu Hause. Es war im Radio und in der Zeitung. Die Polizei hat dich überall gesucht. Sie denken, dass du weggerannt bist, weil dich diese Doro geärgert und weil sie deine Turnschuhe geklaut hat.»

«Hat sie nicht. Sie sind hier, schau Papa.» Ich zeigte ihm die pfefferminzgrünen Turnschuhe. Papa staunte.

«Dann war Doros Verhalten also nicht der Grund?»

«Nein.»

«Warum bist du dann weggerannt?»

«Das ist kompliziert.»

«Sie haben gesagt, dass du mit einer Flüchtlingsfrau unterwegs warst.»

Meinte Papa Sitina?

«Sie soll dich mitgenommen haben, in ihre … Unterkunft?»

«Wieso sagst du das so komisch? Es war keine Räuberhöhle, es war schön. Es hat mir gefallen. Ich würde gerne da wohnen, ein kunterbuntes Puppenhaus.»

«Aber Yeshi, wie kannst du einfach mit Fremden mitgehen? Das darfst du nicht, das weißt du doch.»

«Sitina ist nicht fremd. Nur anders.»

«Du kennst sie nicht.»

«Doch, jetzt schon. Da waren viele nette Kinder. Tulu und Hawi. Und Tigist ist meine neue Freundin.»

«Aber das wusste Mama nicht. Sie ist fast durchgedreht vor Sorge.»

Ja, das tat mir auch sehr, sehr leid. «Ich wollte sie anrufen.»

«Und warum hast du es nicht gemacht?»

«Ich habe ihre Telefonnummer vergessen.»

«Die steht auf dem Zettel.»

«Den hab ich verloren.»

«Yeshi …»

«Ich habe es nicht absichtlich getan.»

«Das glaub ich dir. Aber wieso bist du nochmals von zu Hause weggelaufen?»

«Das ist nicht mein Zuhause», schrie ich.

«Doch, Yeshi», sagte Papa und sein Mund sah plötzlich riesig aus. «Ob du es willst oder nicht, das ist dein Zuhause.»

«Kann ich nicht zu dir kommen?»

«Nach London? Ich wünschte, das würde gehen. Aber allein könnte ich nicht gut für dich sorgen.»

«Mama und ich könnten zu Tigist ins Puppenhaus ziehen.»

«Du meinst ins Flüchtlingsheim? Da kann man nicht leben, Yeshi.»

«Tigist lebt da.»

«Nicht für immer. Nur vorübergehend. Bis sie ein neues Zuhause hat.»

«Das will ich auch. Ein neues Zuhause.»

«Du kannst nicht wählen.»

«Warum nicht?»

«Weil du ein Kind bist. Mama und Papa entscheiden für dich. Aber du kannst dir sicher sein, dass wir immer nur das Beste für dich wollen.»

Was erzählte Papa da für einen Mist? Wenn sie nur das Beste für mich im Kopf hätten, würden wir hier wohnen, bei Inchie, Svenja, dem dicken Louis und den sommerblauen Fensterläden.

«Also, gehen wir!» Papa kroch zur Treppe und quetschte sich durch die Luke nach unten. «Komm, Yeshi.»

«Nein.»

«Warum nicht?», sagte Papa und wurde wütend. «Himmel noch mal.»

«Weil ich Angst habe, dass der Zahnfletsch-Gian mein neuer Papa wird», schrie ich so laut, dass meine Ponys zusammenzuckten.

Nun war es raus.

Papa war mitten auf der Leiter stehen geblieben.

«Wer?»

«Der Paps von Doro.»

Papa überlegte. «Ach so.» Dann schüttelte er den Kopf. «Sicher nicht, Yeshi. Es gibt nur einen einzigen Papa auf der Welt. Und das bin ich.»

«Aber wenn er bei uns einzieht, dann ...»

«Yeshi», unterbrach mein Papa mich mit seiner allerliebsten Stimme. «Eure Wohnung ist viel zu klein. Die reicht genau für Mama und für dich. Ein richtiges Frauennest.»

Da klingelte sein Handy. «Mama», flüsterte er mir zu.

Während ihre aufgeregte Stimme aus dem Hörer klang, verzog er sein Gesicht. Nachdem er ihr versprochen hatte, dass wir gleich zurückkämen, legte er auf.

«Das ist ein Riesenchaos», sagte er.

«Was?» Irgendwie wusste ich, dass es jetzt ganz schlimm würde.

«Die Polizei ist ins Flüchtlingsheim gefahren, um die Frau zu befragen, die dich mitgenommen hat.»

OH NEIN. Nun wurde Sitina auch noch da reingezogen.

«Das stimmt nicht. Ich bin einfach so mitgegangen. Weil ich es wollte.»

«Freiwillig, ich weiß, Yeshi, ich kenne dich. Aber ob die Polizei das auch so sehen wird?» Er seufzte. «Es wird eng für deine Sitina.»

«Was heißt das, Papa?»

«Im schlimmsten Fall muss sie das Land verlassen.»

Da explodierte mein Bauch und mein Herz zersprang.

«Komm Papa, wir müssen sie retten.»

# Rettung in letzter Minute

Wir saßen im Auto von Zahnfletsch-Gian.

Mama, ich und Doro hinten, Papa auf dem Beifahrersitz. Meine Eltern hatten kein Auto, Doros Paps aber schon. Und seit Doro mir bei unserer Ankunft zugeflüstert hatte, dass ihr Paps das Lauten-Tattoo cool fand, fand ich ihn nicht mehr so schlimm und ich beschloss, ihn Gian zu nennen. Außerdem mussten wir so schnell wie möglich ins Flüchtlingsheim, um Sitina zu retten.

Dass wir überhaupt unterwegs waren, hatte ich Doro zu verdanken. Die Erwachsenen hatten sich nämlich zuerst geweigert.

«Ich werde mich nicht für diese Frau einsetzen, die dich einfach mitgenommen hat», hatte meine Mama gesagt.

«Sie dachte bestimmt, dass du einverstanden bist.»

«Sie hätte fragen müssen.»

«Sie kann nicht so gut Deutsch.»

«Umso schlimmer. Man schleppt doch nicht einfach ein Kind mit, quer durch die halbe Stadt.»

«Sie hat Tulu geschleppt und Einkaufstüten. Ich habe ihr dabei geholfen, weil es so schwer war.»

«Sie hat dich also eingespannt.»

«Nein, das habe ich *freibillig* gemacht.»

«Das heißt freiwillig, Yeshi. Hör auf, immer die Worte zu verdrehen. Wie alt bist du?»

So war das hin und her gegangen. Mama und Papa waren sich einig gewesen wie schon lange nicht mehr. Und auch Gian hat genickt.

Bis Doro plötzlich losbrüllte.

«Wenn Yeshi sagt, dass diese Sitina okay ist, dann ist es einfach so. Habt ihr denn gar kein Vertrauen in sie?»

Da haben die Erwachsenen den Mund gehalten. Und darum saßen wir nun alle zusammen in dem Auto. Gian fuhr schnell. Einmal quietschen sogar die Reifen. Als er bei Orange über eine Ampel fuhr, blitzte es.

«Das gibt eine Strafe, Paps», sagte Doro.

«Sei's drum. Wir müssen uns beeilen. Die Polizei versteht keinen Spaß, wenn Kinder involviert sind. Es könnte nicht gut ausgehen für Sitina.»

«Wieso eigentlich nur für Sitina?», fiel mir plötzlich ein. «Was ist mit dem Käppi-Chauffeur und der Froschtante, was mit der Mops-Oma?»

Bekamen die auch alle ein Problem, weil sie mich nicht nach Hause gebracht hatten?

«Die haben alles erklärt. Die Polizei hat ihre Aussagen aufgenommen, und das war's dann. Außerdem bist du ja wieder da.»

«Cool.» Meine Schmetterlinge flatterten aufgeregt. «Dann läuft es bei Sitina auch so.»

«Tut mir leid, Yeshi», meinte Gian und überholte einen Lieferwagen. «Sitina ist eine Flüchtlingsfrau, da sind die Behörden strenger.»

Wieder so ein Wort.

«Was sind *Behörden?*»

«Die Polizei und die Leute, die unsere Gesetze machen, damit wir friedlich miteinander leben können.»

«Im Puppenhaus ist es sehr friedlich», sagte ich, froh darüber, endlich ein gutes Argument gefunden zu haben. «Ich habe mit den Kindern Fußball gespielt, und wir haben fast überhaupt gar nicht gestritten. Komm mal auf unseren Pausenhof, da ist es ganz anders.»

«Genau. Da geht's keine zwei Minuten und alle haben Krach», sagte Doro. «Frau Morgenstern schimpft und sagt, nun müsse sie die Sozialarbeiterin einschalten.»

«Mag sein, Kinder», antwortete Gian. «Aber leider ist es bei Flüchtlingen anders. Sie sind nur provisorisch hier und müssen besonders gut aufpassen, dass sie alles korrekt machen. Weil sie sonst auch härter bestraft werden.»

«Das ist voll ungerecht.»

«Vielleicht. Aber du musst es verstehen.»

«Wieso?»

«Weil man ja nicht weiß, wer diese Leute sind. Es kommen so viele in unser Land.»

«Wieso unser Land? Es gehört uns doch nicht? Außerdem ist es groß, da ist Platz für viele.»

«Schon. Wenn sie aus Not kommen und in guter Absicht. Aber das tun nicht alle.»

«Sitina schon.»

«Nur weiß die Polizei das nicht.»

«Dann können sie sie ja fragen.»

«Das werden sie bestimmt gerade tun.»

«Du meinst jetzt?» Und dann fiel mir etwas Schreckliches ein. «Oh nein, Sitina kann nur Tigrinya.»

«Was ist denn das?», wollte Doro wissen.

«Das spricht man in Eritrea und in Äthiopien», erklärte meine Mama.

«Da gibt es aber noch mehr Sprachen», ergänzte ich. «Amharisch zum Beispiel.»

«Was du alles weißt», staunte Doro. «Dann kannst du ja übersetzen.»

«Dolmetschen», meinte Gian.

Ich schüttelte den Kopf. «Ich kann die Sprache nicht. Ich habe ja nie da gelebt.»

«Aber du hast gesagt, es ist deine Heimat?»

Ja schon. Mein Herz flatterte. Wie konnte ich es Doro erklären?

«Es ist Yeshis Bauchheimat», antwortete Mama für mich. «Da versteht man sich ohne Worte.»

Für einen Moment wurde mir ganz warm. Meine Mama hatte einfach für alles eine Erklärung.

Bis ich erneut einen Schrecken bekam.

«Die von der Polizei können sicher auch kein Tigrinya.»

«Sie haben sicher einen Dolmetscher da. Der wird alles erklären.»

«Trotzdem ist es gut, wenn wir dabei sind», sagte Gian in dem Moment und schnitt schon wieder eine Kurve. Vom schlimmsten Menschen, den ich kannte, hatte er sich in einen total netten Paps verwandelt. Plötzlich konnte ich Mama verstehen, dass sie sich mit ihm verstand.

«Es tut mir leid, dass ich so fies war zu ihm», flüsterte ich Mama ins Ohr.

Sie drückte meine Hand.

«Er ist ein Freund geworden», flüsterte sie zurück. «Aber wir sind nicht zusammen.»

Am liebsten hätte ich nun ein wenig geweint. Doch dafür war keine Zeit.

«Da vorne ist es», schrie ich aufgeregt.

Obwohl es dunkel geworden war, sah man die bunten Farben der Puppenhäuschen. Gian hielt mit quietschenden Bremsen neben einem Polizeiauto.


Ich rannte durch den Flur. Es roch noch genauso scharf wie beim letzten Mal, aber ansonsten war es ganz anders. Im ganzen Haus war es still, alle Türen waren geschlossen. Kein Plappern, keine Musik, kein Lachen. Waren die alle ausgezogen? Als ich die Türe zum letzten Zimmer aufriss, blieb ich stehen. Sitina saß schwer und stumm am Tisch, die Hände auf ihren runden Bauch gepresst. Von ihrem Mann war weit und breit nichts zu sehen, auch die vier Handys waren verschwunden. Vor Sitina stand der Polizist aus unserem Wohnzimmer, der mit dem Anzug und dem Bart. Er sah noch strenger aus als vorher. Seine Kollegin mit dem Cap war neben ihm.

«Sitina!», sagte ich.

Da kam Tulu unter ihrem Rock hervorgekrochen und wackelte zu mir.

Die Polizisten wechselten einen Blick.

«Die junge Ausreißerin», sagte der Bärtige. «Das glaube ich einfach nicht. Was machst du denn hier?»

Er machte ein paar Schritte auf mich zu, hielt aber inne, als meine Eltern ins Zimmer traten, hinter ihnen Gian mit Doro.

Dem Polizisten fielen fast die Augen aus dem Kopf.

«Die ganze Familie, *gopferteckel* noch mal», sagte er.

«Was haben Sie sich dabei gedacht?», sagte seine Kollegin in gestochenem Hochdeutsch.

Sie wandte sich an meine Eltern.

«Mit den Kindern herzukommen, ist wirklich keine gute Idee.»

Der Bärtige rollte die Augen.

«Es ist eine verdammte Scheißidee. Verschwinden Sie auf der Stelle.»

«Nein, wir verschwinden nicht, Sie ...»

Meine Mama hielt mir den Mund zu.

«Pscht, Yeshi», flüsterte sie mir ins Ohr.

«Wieso darf er fluchen und ich nicht?»

«Entschuldigen Sie unser Eindringen», sagte Papa freundlich und trat vor, während er mir einen warnenden Blick zuwarf. «Wir wollten uns nur nach Sitina erkundigen.»

«Das geht Sie nichts an», sagte der Bärtige.

«Das wissen wir. Dennoch würden wir es schätzen, wenn ...»

«Ihre Tochter ist wieder aufgetaucht. Den Rest können Sie uns überlassen.»

Das ging noch eine Weile so hin und her. Immer wenn Papa etwas sagte, unterbrach ihn der Polizist und drängte uns Schritt für Schritt Richtung Tür. Und so viel Mühe Papa sich auch gab, der Polizist wollte ihm nicht verraten, was sie mit Sitina vorhatten.

Mein Bauch explodierte fast. Papa war viel zu höflich. Ich wünschte, meine Oma wäre hier.

«Lass dir nichts gefallen, Yeshi, mein Mädchen», hat sie jeweils zu mir gesagt, wenn die Kinder im Dorf mich wieder mal Kackbohne nannten. «Denen muss man einfach mal gehörig die Meinung geigen.»

Plötzlich zupfte Doro mich am Ärmel.

«Yeshi, schau mal.»

Ich sah zu Sitina. Sie hatte die Augen geschlossen, auf ihrer Stirn waren Schweißtropfen und sie stöhnte ein wenig, während sie sich den Bauch rieb.

«Sie, Herr Polizist», rief ich ganz laut. «Sitina geht's nicht gut.»

Er sah mich nicht mal an und versuchte, uns zur Türe hinauszuschieben.

«Sie hat Durst, sie braucht Wasser.»

Wieder keine Reaktion.

«Sie ist ganz bleich, sehen Sie das nicht.»

«Was erzählst du da?», sagte er. «Wie kann sie bleich sein?»

«Auch braune Menschen werden bleich, Sie Blödmann!»

Alle hielten den Atem an.

Der Polizist schnappte nach Luft.

«Du bist ein sehr freches Kind», sagte er.

«Fragen Sie mal meine Mama, wie ich aussehe, wenn ich krank bin», sagte ich.

«Bleich», meine Mama trat neben mich und legte ihren Arm um mich. «Wenn Yeshi Fieber hat, wird ihre Haut ganz fahl, so, als ob jemand das Licht ausgemacht hätte.»

Da endlich hielt der bärtige Polizist die Klappe. Dafür kam seine Kollegin in Aktion. Als sie das Cap vom Kopf nahm, wurden meine Augen ganz groß. Ihr Haar war kurz, schwarz und ungefähr so kraus wie meines, wenn ich keine Zöpfchen trug.

«Hallo, Yeshi», sagte sie. «Ich bin Beanie Barras von der Kantonspolizei. Schön, dich endlich kennenzulernen. Bis jetzt bist du mir immer entwischt. Und dabei fand ich euren Auftritt auf dem Opernhausplatz ganz toll.»

Nun wurden meine Augen noch größer.

«Und wieso hast du mich dann nicht verhaftet?»

«Hab ich verpasst», sagte sie. «Ich habe euch eine Weile zugehört, weil es so cool war. Und gerade als ich zu euch kommen wollte, seid ihr davongerannt.» Sie boxte mich ein wenig in den Arm. «Du bist schnell.»

Ich nickte.

«Wenn mein Tanzfuß erst mal loslegt, erwischt mich keiner.»

Da machte sie eine lustige Grimasse.

«Wetten? Ich laufe Marathon.»

«Marathon?»

«Da läuft man 42 Kilometer. Am Stück.»

«Das schaffe ich. Ich bin von der Stadt in mein altes Dorf gerannt, gell Papa.»

«Zwanzig Kilometer», nickte er.

«Siehst du, das ist fast die Hälfte.»

Ich sah, wie Papa und Mama einen Blick wechselten. Vermutlich hatten sie nicht damit gerechnet, dass ich das mit den Zahlen jetzt voll im Griff hatte.

«Erzähl uns mal, Yeshi.» Die Polizistin setzte sich zu Sitina an den Tisch und winkte mir zu. «Wieso bist du mit Frau Tadem mitgegangen?»

«Wer ist Frau Tadem?»

Die Polizistin deutete auf Sitina.

Sofort begann es in meinem Bauch zu grummeln. Irgendwie würde meine Antwort sehr wichtig sein. Alle Erwachsenen sahen mich gespannt an. Der bärtige Polizist trat sogar einen Schritt vor.

«Mama und Zahnfletsch...» Ich räusperte mich. «Ich meine, Gian und Mama gingen Kaffee trinken. Und ich mag keinen Kaffee. Darum habe ich mit Tulu gespielt.»

Ich zeigte auf den Purzel.

«Als Sitina mit ihm nach Hause wollte, bin ich mitgegangen. *Freibillig.*»

«*Freibillig?*»

Ups. «Freiwillig, ganz freiwillig.»

«Sitina Tadem hat dich also nicht entführt?»

«Nein. Ich hab mich selbst eingeladen.»

«Das macht sie dauernd», mischte meine Mama sich ein. «Seit sie klein ist. Wir haben versucht, es ihr abzugewöhnen.»

«Aber wir hatten keine Chance», ergänzte Papa.

«Und mit der Zeit haben wir gemerkt, dass es auch Vorteile hat», sagte Mama.

«Ohne Yeshi würden wir niemals so tolle Leute kennenlernen.»

«Die Mops-Oma, Mo, den Tattoo-Stefano ...»

«... und Sitina, Tulu und alle Leute aus dem Puppenhaus hier.» Das kam von Doro. «Unsere neuen Freunde.»

Ich war sehr gerührt. Ich meine, Doro hatte Sitina gerade eben zum ersten Mal gesehen.

Da flüsterte die Polizistin ihrem strengen Chef etwas ins Ohr und wandte sich dann an uns.

«Ich würde vorschlagen, dass wir alle zusammen zu uns auf die Wache fahren. Magst du mal sehen, wie es bei der Polizei aussieht, Yeshi? Das ist nämlich ganz schön spannend. Dann erzählst du uns noch mal alles der Reihe nach. Und für Sitina besorgen wir eine Dolmetscherin. Danach könnt ihr nach Hause.»

Mein Flatterherz jubelte.

«Sitina auch?»

Die Polizistin nickte.

«Ich verspreche es dir.»

Mama lächelte und wirkte erleichtert.

«Das ist gut. Sie bekommt nämlich ein Baby. Da muss man sich doch schonen, nicht wahr, Sitina?»

Nun waren alle baff. Mucksmäuschenstill war es.

In dem Moment wurde die Tür aufgerissen. Fünf Polizisten kamen hereingepoltert. Sie trugen richtige Uniformen und gelbe Westen darüber und sahen sehr grimmig aus.

«Fremdenpolizei Stettler», sagte der Anführer und trat zum Bärtigen. Die beiden flüsterten. Schließlich schüttelte der Stettler-Polizist den Kopf. Nun verstand ich auch einzelne Worte.

«Verfahrensstopp, muss zurück nach Italien.»

Das klang nicht gut.

«Das geht nicht», sagte ich und zupfte den Mann an der Uniformjacke, obwohl Mama mich zurückhalten wollte. «Sie können Sitina nicht nach Italien schicken, da kennt sie keinen.»

Der Stettler-Polizist ignorierte mich.

«Hier ist sie vertraut», schrie ich immer lauter und immer verzweifelter. «Sie kennt Tigist und ihre Mama, und ihr Mann ist hier.»

«Sie lügt», sagte der Stettler-Polizist. «Es gibt keinen Mann. Sie hat nur einen Bruder. Und wir sind nicht mal sicher, ob das stimmt.»

Ach so. Dann war der ruppige Mann ihr Bruder gewesen.

«Umso wichtiger ist es, dass sie hierbleiben kann. Bitte, bitte …» Ich wandte mich an den Bärtigen. «Sitina hat überhaupt keine Schuld. Wie oft muss ich es noch sagen, dass ich freiwillig mitgegangen bin?»

Der bärtige Polizist schüttelte den Kopf.

«Tut mir leid, es ist zu spät. Das ist jetzt Sache der Fremdenpolizei. Weil eine Anzeige hängig ist, wird das Asylverfahren gestoppt. Frau Tadem muss nach Italien zurück.»

Er ging zu ihr und nahm sie am Arm. Ich sah, wie Sitina zusammenzuckte, wie Tulu zu brüllen begann, die Beanie-Polizistin den Mund aufmachte, wie Sitina immer bleicher wurde, die ratlosen Blicke von Gian und Papa. Der Kloß in meinem Hals, den ich seit Stunden hinunterschluckte, wurde größer und größer, während sich die Glibberschlabberquallen darum herumschlangen.

Und dann trat meine Mama vor.

«Was für eine Anzeige, Herr Stettler?», fragte sie mit ihrer süßesten Mama-Stimme.

Der Polizist holte Luft.

«Das wird mir langsam zu bunt. Bitte schaffen Sie die Leute weg», das ging an den Bärtigen. «Die haben hier nichts zu suchen.»

«Haben wir sehr wohl», entgegnete Mama. «Wir sind zu Besuch hier. Ich wollte endlich die Frau kennenlernen, die meine Tochter so gut betreut hat.»

Sie gab Papa einen Knuff in die Seite, wie sie das immer macht, wenn er tun soll, was sie will.

«Nicht wahr?»

«Genau», sagte er nach einer kurzen Pause. «Richtig. Es war alles ein Missverständnis. Geht auf unsere Kappe, tut uns leid. Wir hätten wissen müssen, dass unsere

Tochter», damit deutete er auf mich, «groß genug ist und Verantwortung tragen kann. Sie reist bald alleine nach London.»

Der Stettler-Polizist machte große Augen.

«London? Was hat das damit zu tun?»

«Meine Frau und ich leben getrennt. Es ist für alle nicht einfach.»

Ich nickte eifrig.

«Manchmal behandeln sie mich wie ein Baby. Und dann wieder soll ich erwachsen und vernünftig sein.»

«Ist das also Ihre Tochter?», fragte der Stettler-Polizist. «Das Mädchen, das vermisst wurde?»

Er sah von Mama zu Papa zu mir. Die Frage, warum ich eine dunkle Haut habe und meine Eltern keine, stand deutlich in seinen Augen.

«Ich bin *abotiert*», erklärte ich.

«Adoptiert», korrigierte Doro. «Und ich bin ihre Freundin. Und ich habe Krebs.» Damit zog sie die Mütze vom Kopf.

Nun trat auch Gian vor. «Ich bin ihr Papa. Und habe keinen Krebs. Dafür bin ich Arzt. Ich behandle Frau Tadem.»

Er sah zu Sitina, die jedes unserer Worte mit ihren schwarzen Augen beobachtete.

«Sie ist im neunten Monat. Und kann nicht reisen. Ausgeschlossen.» Er griff in seine Hosentasche. «Ich zeige Ihnen gleich die Bescheinigung. Wenn Sie sie ausweisen, dann stellen Sie Staatsrecht über Kinderrecht.»

«Das könnte ein heißes Eisen sein», sagte die Beanie-Polizistin und trat auf unsere Seite.

«Das ist es.» Gian nickte. «Es verstößt gegen die Menschenrechtskonvention. Und Sie wissen, was das bedeuten kann.»

Die Beanie-Polizistin überlegte. «Sie meinen, Sie werden Bern informieren und Brüssel?»

«Sie haben es erfasst.»

Die Polizistin wandte sich an ihre Kollegen. «Wir sollten eine andere Lösung finden. Jetzt, da es gar keine Anzeige mehr gibt.»

Ich verstand kein Wort mehr. Aber irgendwie zeigten ihre Worte Wirkung. Der Stettler-Polizist ließ auf jeden Fall Sitinas Arm los und wandte sich an den Bärtigen.

«Gibt es nun eine Anzeige auf Entführung oder nicht?»

«Ähm ...».

Die Beanie-Polizistin unterbrach ihn und schwenkte ihr Handy.

«Wurde soeben ganz offiziell zurückgezogen. Mit einer Entschuldigung an Frau Tadem.»

Sie kniete sich vor Sitina auf den Boden und sah ihr in die Augen.

«We are very sorry. Der Arzt wird Sie ins Krankenhaus bringen, wo Sie in Ruhe ihr Baby gebären können.»

Sitina schüttelte den Kopf, ich glaube, vor lauter Aufregung verstand sie einfach gar nichts mehr. Und wenn sie nichts verstand, wurde sie schwierig, das hatte ich ja schon erlebt. Und so rannte ich los.

«Halt, Yeshi, wo willst du hin?», sagte Mama.

Schon riss ich die Türe auf. Und prallte zurück. Vor mir standen Tigist und der ganze Fußballverein, der Flur war voll mit Menschen, Kinder und Erwachsene. Sie hatten alle zusammen still und leise an der Tür gehorcht.

«Komm», sagte ich zu Tigist und zog sie ins Zimmer. «Kannst du bitte, bitte ...» Wie hieß noch mal das Wort? «Kannst du bitte Dolmetscherin sein.»

Das tat Tigist. Und endlich sprach auch Sitina. Und dann ging alles blitzschnell. Die Polizisten mit den gelben Westen samt ihrem grimmigen Chef zogen begleitet vom Bärtigen ab, während die Beanie-Polizistin Sitina mit Gian ins Krankenhaus begleiten sollte. Als ich den Vorschlag machte, Tulu mit zu uns nach Hause zu nehmen, winkte Mama leider ab.

«Yeshi, wir sind nicht eingerichtet für so ein kleines Kind. Außerdem muss Papa auf der Couch schlafen, es wird einfach zu eng.»

Tigists Mama, die auch aufgetaucht war, erklärte uns, dass sie für Tulu sorgen würde.

«Meine Mutter ist auch seine Mutter. Hier sind viele Mütter», sagte Tigist, neugierig beäugt von Doro.

Ob ich die beiden vorstellen sollte? Irgendwie fand ich, dass Tigist nur mir gehörte, und ich hatte keine Lust, sie mit Doro zu teilen. Bevor ich eine Lösung für mein Problem fand, entstand eine große Aufbruchsstimmung, alle drängten zur Tür.

Nur Sitina blieb stehen. Mama ging zu ihr und streckte ihr die Hand entgegen.

«Hello Sitina, ich freue mich, Sie kennenzulernen. Ich bin Yeshis Mutter.»

«No.»

Ups. Das war ganz laut gewesen und sehr feindselig. Mittlerweile waren nur noch Mama, Sitina und ich im Zimmer. Schnell trat ich näher, wollte etwas sagen, wollte erklären. Bis ich Sitinas Blick sah. Ihre schwarzen Augen waren groß und böse. Sie starrte Mama in die Augen. Ganz lange und ohne zu zwinkern.

«You ... no mother», sagte sie schließlich.

Mama zuckte zusammen.

«Yeshi ... not belong you.»

Wie meinte Sitina das?

«Sie meinen, dass sie mir nicht gehört?», sagte Mama. «Da haben Sie recht, kein Kind gehört den Eltern. Auch Tulu gehört Ihnen nicht. Und dennoch ist er Ihr Kind.» Mama deutete auf den Purzel, der sich an Sitinas Bauch schmiegte.

«Tulu belongs», sagte Sitina. «Tulu gehört. Zu mir und zum Baby.»

Ich spürte, wie meine Mama zusammenzuckte.

OH NEIN.

Ich kannte Mamas Geschichte, sie hatte sie mir schon so oft erzählt. Wie sie keine Bauchkinder bekommen konnte, wie sie und Papa sich entschieden hatten, ein Herzkind zu suchen, und wie sie mich gefunden hatten.

Und wie ihre beiden Herzen zusammen mit meinem Herz einen Schmetterlingstanz aufgeführt und fortan diese schöne milchbraune Farbe hatten, zusammengeschmolzen aus meiner dunklen Haut und ihrer weißen Haut. Und so trat ich neben meine Mama und berührte ihre Brust.

«Herzmama», sagte ich.

«Herztochter! Wir gehören zusammen. We belong together.»

So standen wir beide nebeneinander, Mama und ich, und sahen Sitina in die Augen.

Das Funkel-Blick-Spiel.

Ihr wisst ja, dass ich unschlagbar bin darin. Kein Wunder, meine Mama hat's mir beigebracht.

Sitina zwinkerte. Da nahm ich Mamas Hand und streckte sie zusammen mit meiner Sitina entgegen.

«Wir alle gehören zusammen.»

Sitina machte immer noch keinen Wank. Plötzlich beugte sich der kleine Tulu vor und legte sein Patschhändchen auf unsere Hände. Und endlich hob auch Sitina ihre Hand. Drei braune Hände und eine weiße. Und mein Herz machte eine *Purzeldrehrolle* vor Freude.

Da kam Papa zurück.

«Wo bleibt ihr denn? Wir warten.»

«Komm, Purzel», rief ich Tulu zu. «Machen wir ein Wettrennen. Unsere Mamas werden staunen.»

# Fröhliche Weihnachten

«Mama?», rief ich. «Komm mal!»

Mama kam in die Küche, das Haar zerzaust, das T-Shirt voller Staubfussel.

«Mist noch mal», schimpfte sie. «Ich finde die Kiste mit dem Weihnachtsschmuck nicht. Ich glaube, die ist beim Umziehen verloren gegangen.»

«Nicht schlimm, Mama. Ich habe was gebastelt, schau!»

Auf dem Fensterbrett hatte ich eine Krippe eingerichtet. Die Schuhschachtel war der Stall, ein pfefferminzgrüner Turnschuh war die Futterkrippe. Svenja, Inchie und der dicke Louis spielten die Hirten. Aus Doros Strickmützen – seit sie wieder Haare hatte, waren sie überflüssig geworden – hatte ich Maria und Josef gebastelt. Lians Weihnachtsgeschenk – eine dicke, selbst gezogene Kerze, auf die er die ganze Weihnachtsgeschichte gemalt hatte – diente als Stern von Bethlehem. Als Jesuskind hatte ich Sitinas Geburtsanzeige genommen: ein Foto von ihrer kleinen Tochter Blen, das wunderhübscheste Baby, das ich in meinem ganzen Leben je gesehen hatte.

«Wie findest du das, Mama?», sagte ich stolz.

Meine Mama war sprachlos.

«Unser Weihnachtsschmuck. Ganz Yeshi- und Mama-Style», sagte ich. «Gefällt es dir?»

Da strahlte sie.

«Es ist toll. Und es ist gar nicht schlimm, dass wir keinen Baum haben.»

Na ja. Ein bisschen traurig war ich schon. Ich meine, Weihnachten ohne Weihnachtsbaum ist schon sehr komisch. Aber es ging nicht anders. Unsere Wohnung war zu klein. Wenn in ein paar Minuten die anderen kämen, war einfach nicht genug Platz.

«Das wäre viel zu gefährlich», hatte Mama gesagt. «Ich hätte keine ruhige Minute. Stell dir vor, Tulus Haar würde Feuer fangen oder Lians Geige oder Lola-Mops' Fell.»

«Ich passe auf, Mama, ich stelle mich neben den Christbaum und wache über die Kerzen», hatte ich gesagt.

«Ich kenne dich, Yeshi, da bleibst du genau eineinhalb Minuten, dann zuckt dein Tanzfuß viel zu sehr.»

«Die anderen passen auch auf, Mama. Sogar Tulu. Der ist jetzt ein großer Bruder.»

Es war noch eine ganze Weile so hin und her gegangen. Ich hatte meinen Steinfelsbetonkopf ausgefahren und Mama ihre Krallen.

«Wenn wir einen Weihnachtsbaum haben, können wir einfach nur halb so viele Leute einladen», hatte sie schließlich gesagt. «Du entscheidest, wer nicht kommen darf.»

Ups. Ich hatte meine Liste angeschaut. Da standen so viele Namen drauf, dass ich zwei Kolonnen gebraucht hatte. Zuoberst natürlich Mama und ich, und Papa, der extra von England angeflogen kam. Dann würden Gian und Doro da sein, sie war eine richtig gute Freundin geworden. Auch wenn wir uns mindestens einmal pro Tag stritten. Lian und sein Vater wollten auch vorbeikommen, nur ganz kurz, während die Mutter den Baum schmückte. Sie hatten bestimmt eine Riesentanne, so hoch wie ein Kirchturm. Trotzdem wollte ich nicht mit Lian tauschen. Das Ekzem an seinem Arm war immer noch da, auch das Tattoo hatte nichts geholfen. Vielleicht lag es daran, dass die Farbe immer mehr verblasste.

Tattoo-Stefano hatte nämlich ein wenig geschummelt, er hatte abwaschbare Farbe verwendet. Minderjährigen ein Tattoo zu verpassen, sei verboten, hatte uns Mo erklärt. Und Mo musste es wissen. Mo wusste überhaupt alles. Mo war richtig cool. Sie hatte einen neuen Job, als Popcornmacherin in einem Kino. Außerdem hatte sie eine Weiterbildung gemacht, zur Tätowiererin. Und nach Weihnachten, wenn sie genug Geld gespart hatte, würde sie eine Reise machen. Sie hatte sich mit Tigists Mama angefreundet. Von ihr hatte Mo das Zöpfchenflechten gelernt. Und seither hat sie nichts anderes mehr im Kopf. Ich war ihr Versuchsobjekt, einmal in der Woche kam sie bei uns vorbei. Am Anfang hatte sie gerissen und gerupft. Doch langsam ging es besser. Nun will Mo nach Äthiopien, für den Feinschliff, wie sie sagt. Wenn sie zurück ist, will sie in Stefanos Laden auch Afrofrisuren anbieten.

Er fand die Idee gut.

«Eine Marktlücke», hat er gesagt.

Stefano selbst kann nicht weg, der Laden läuft wie

geschmiert. Vor allem seit die Mops-Oma den Kunden mit Kaffee, Kuchen und Hundegeschichten die Zeit vertreibt, während Lola neben ihr schwänzelt.

«Lola und Stefano, das war Liebe auf den ersten Blick», kichern Doro, Lian und ich, wenn wir an den Moment im Tattoo-Shop zurückdenken.

In der Schule sind wir ziemlich viel zusammen, das neue *Trio Infernale*, wie Herr Madovic brummelt. Manchmal geht Doro mir allerdings auf die Nerven, wenn sie rumzickt wegen ihrer kurzen Haaren oder immer bessere Spiel-Ideen hat als ich und so richtig glibberschlabberquallenmäßig drauf ist. Aber dann lenkt Lian uns ab und wir vergessen den Streit.

Wir haben nämlich gar keine Zeit dafür, weil wir Geld für Sitinas neue Wohnung sammeln wollen. Sobald ihr Verfahren (wieder so ein Wort) über die Bühne gegangen ist, bekommt sie einen neuen Ausweis. Dann darf sie hierbleiben, muss aber aus dem Puppenhaus ausziehen, es wird abgebrochen. Und eine Wohnung, das kostet. Als Mama es mir vorgerechnet hat, hat mein Bauch mächtig gegrummelt. Auch wenn ich all mein Taschengeld hergeben würde, wäre es zu wenig. Und darum hatten Doro, Lian und ich die Idee mit der Straßenmusik. Nachdem wir auf dem Opernhausplatz das Geld für meine Turnschuhe verdient hatten, lag da noch viel mehr drin.

Findet auf jeden Fall Lian. Er hat den Plan entwickelt und Doro machte die Sponsorensuche. Das heißt, dass sie andere von unserem Plan überzeugt, um noch mehr

Geld in die Kasse zu bekommen. Ich bin Chefin über die Choreografie und für die Songs. Mein Tanzfuß zuckt ununterbrochen, ich habe schon ungefähr tausendundeine Idee. Die werden wir auch brauchen, denn wir müssen viele Male auftreten. Unseren Eltern erzählen wir nichts davon. Möglicherweise fänden sie es nicht so gut. Darum fragen wir sie lieber nicht.

Es klingelte.

«Yeshi, machst du auf?»

Mama stand in der Küche und holte Pizza um Pizza aus dem Ofen. Pizza und Limonade für die Kinder, Pizza und Rotwein für die Großen, das war unser Weihnachtsessen. Mein Bauch grummelte und mein Herz flatterte.

Wer würde zuerst da sein?

Mein Papa?

Doro und Gian?

Lian und sein Vater?

Lola-Mops und die Oma, Frau Morgenstern, Tattoo-Stefano, Mo oder Beanie, die Polizistin mit der Afrokrause?

Der Käppi-Chauffeur oder die Froschfrau? (Ja, stellt euch vor, die ist eigentlich sehr nett. Sie hat sich tausendmal entschuldigt, weil sie mich angeraunzt hat, ich würde *schwarz fahren*. Und sie will dafür sorgen, dass der Ausdruck in der Straßenbahn nicht mehr verwendet wird.)

Oder Tigist, Hawi, ihre Mama, Sitina, Tulu und Baby Blen?

Einen Moment lang blieb ich ganz still stehen.

Ein ganzer Schwarm von hellbraunen Schmetterlingen flatterte voraus.

Ich wurde ganz leicht und froh.

Dann rannte ich los und riss die Türe auf.


Damit ist meine Geschichte zu Ende. Aber die nächste kommt bestimmt. Schließlich sollt ihr doch erfahren, ob wir genug Geld zusammenbekommen haben. Und wie es war, als ich zum ersten Mal meinen Papa in London besuchte – und aus Versehen in die falsche U-Bahn gestiegen bin. Wie es weitergeht mit Doro, Lian, Sitina, Tigist, mit Mo und dem Tattoo-Stefano. Mit Lola-Mops. Und vor allem, was mir meine Mama zu Weihnachten geschenkt hat.

Oder so.

# Dank der Autorin

Ich habe die Geschichte zusammen mit meiner Tochter Samira entwickelt. Mein großer Dank geht an sie, an meine Familie und an alle Menschen, die das Yeshi-Projekt unterstützen.

## Agentin Yeshi

—

Kinderroman, ab 9 Jahren
ISBN: 978-3-907238-05-9

—

Yeshi ist dunkelhäutig und adoptiert. Sie hat einen Tanzfuß und manchmal einen steinfelsbetonharten Kopf. In
der Weihnachtsaufführung will sie die Hauptrolle spielen.
Prinzessinnen sind aber weiß, sagt Liv, die Beliebteste der
Klasse. Mit Agentinnengespür macht sich Yeshi auf, um
das Gegenteil zu beweisen. Yeshi-Style. Dafür braucht
sie ihre Freunde: Lian, Doro, Lola-Mops und Tätowierer
Stefano. Kann Yeshi sie von ihrem Plan überzeugen?

Weitere Lieblingsbücher auf